U0944426

◎上海市"十二五"重点图书
◎当代中国经济实证分析丛书
◎本项目获支持高校服务国家重大战略出版工程资助

中国模式下的企业生存与发展

基于组织生态学的视角

杨　嬛◎著

上海财经大学出版社

图书在版编目(CIP)数据

中国模式下的企业生存与发展:基于组织生态学的视角/杨嬛著. —上海:上海财经大学出版社,2015.8
(当代中国经济实证分析丛书)
ISBN 978-7-5642-2163-8/F·2163

Ⅰ.①中… Ⅱ.①杨… Ⅲ.①企业发展-研究-中国 Ⅳ.①F279.2

中国版本图书馆 CIP 数据核字(2015)第 098558 号

□ 责任编辑　李宇彤
□ 封面设计　朱建明
□ 责任校对　王从远

ZHONGGUO MOSHI XIA DE QIYE SHENGCUN YU FAZHAN
中 国 模 式 下 的 企 业 生 存 与 发 展
——基于组织生态学的视角

杨　嬛　著

上海财经大学出版社出版发行
(上海市武东路 321 号乙　邮编 200434)
网　　址:http://www.sufep.com
电子邮箱:webmaster @ sufep.com
全国新华书店经销
上海华教印务有限公司印刷装订
2015 年 8 月第 1 版　2015 年 8 月第 1 次印刷

710mm×1000mm　1/16　12.75 印张　176 千字
定价:36.00 元

前 言

从企业演化的视角来看，企业的成长历程犹如人的成长经历一般，也经历生、老、病、死的过程。企业从初建到成熟，直至衰退和死亡，像人生一样，其间充斥着各种挑战和机遇，发展与变革并存。在这个过程中，一些企业可以“基业长青”，而另一些企业却在历史的长河中如流星般迅速陨落。为什么企业的生存会存在差异？是什么因素决定企业的生存与发展？本课题将以转型经济下的中国为研究背景，综合组织生态学的研究理论，挖掘“中国模式”下企业生存和成长的特殊故事，寻找中国企业生存与发展的关键影响要素以及演化的特殊路径。本研究的主要内容包括：

(1)企业种群密度对企业生存的影响。改革开放以来，中国现代企业制度从无到有，企业规模和数量迅速扩张。在这样的宏观背景下，企业同时受到来自产业的合法性和竞争性作用的冲击，这将对企业的生存造成一定的影响。结合组织生态学中的密度依赖理论，我们将对这一企业演化过程进行分析。

(2)国际化和外商种群密度对企业国际化的影响。开放式加外向型经济发展模式是中国经济发展的主要特点之一，而企业出口和吸引外资又是其中最重要的两个组成部分。这两个过程和由它们引发的企业国际化的合法性与竞争性对后期产业中企业的国际化行为产生了深远的影响。本研究将组织生态学的密度依赖理论应用于企业国际化的研究中，对企业国际化合法性和竞争性对企业演化过程的影响进行分析。

(3)产业结构对企业生存的影响。产业结构不合理、产业同构现象严重等，是中国产业长期以来一直存在的问题。本研究将应用组织生态学中的资源分割理论，分析产业结构的演变对大型和小型企业产生的差异化影响作用。

(4)企业年龄对企业国际化的影响。企业一切的生存和发展行为都是企业年龄的函数，包括企业的国际化行为。针对众多研究中发现的中国企业快速国际化这一现象，我们试图分析基于企业年龄的中国企业国际化决策演化路径，以及中国背景下的特殊要素对这一“年龄依赖”过程的影响作用。

从前面的介绍中可以看出，本书的各个章节基本上是以专题的形式对中国背景下的企业生存与发展，特别是国际化发展问题进行了研究，各个章节自成体系。我们希望通过这种以点带面的形式，对中国企业的生存与发展现状加以认识，对中国模式下的企业特殊演化路径进行挖掘。

本书的研究同时受到了国家自然科学基金青年项目(课题编号：71402085)、教育部人文社科青年基金项目(课题编号：14YJC630164)以及上海财经大学的资助。

杨　嬛

2015 年 6 月

目　录

第一章

中国模式下的企业生存与发展

第一节　企业的生存与发展

一、企业的概念

企业是人类社会发展到一定阶段的产物。目前普遍认为企业最早起源于中世纪的欧洲。中世纪欧洲贸易的兴起使得企业得以出现。关于企业的产生，目前主要有两种观点：一种观点认为，企业是社会分工的产物；另一种观点认为，企业的起源是建立在交易费用的基础上的。

以马克思为代表的企业起源学说建立在社会分工的基础上，其将企业看成是社会分工的产物。马克思指出，“资本主义实际上是同一资本同时雇佣较多的工人，因而劳动过程扩大了自己的规模并提供了较大量的产品的时候才开始的。较多的工人在同一时间、同一空间，为了生产同一种商品，在同一资本家的指挥下工作，这在历史上和逻辑上都是资本主义生产的起点”。

而科斯在其著作《企业的性质》中认为，企业是建立在交易费用的基础上的，指出企业是配置资源的一种方式。他认为，资源的配置有两种途径：市场和企业。而企业的规模扩大必须达到一定程度，使得在企业内部组织一笔额外交易的成本等于或小于在公开市场上完成这笔交易所需的成本时才会产生企业。科斯指出，“市场的运行需要花费成本，通过成立一个组织、允许某一权利（管理者）指导资源配置，可以节约某些成本”。

无论企业产生的原因是什么，企业都肩负着为社会创造价值和财富的使命，是人类现代社会的重要组成部分。同时，企业管理者的共同目标都是促进企业的生存和发展，使企业能够实现可持续发展，即基业长青。然而，现实的经验告诉我们，在人类社会和企业发展的历史长河中，大部分的企业都如流星般转瞬即逝或只是昙花一现，真正可以实现“基业长青”或“百年老店”的企业凤毛麟角。现有研究表明，在美国的中小企业中，生存期短于5年的企业高达68%，只有13%的企业寿命超过10年（吕国胜，2000）；而在法国，50%以上的新企业在5年内消亡（Abdesselam 等，2004）。显然，大部分企业与“基业长青”的目标都相去甚远。

然而，也确实有一些企业在世事变迁和商海沉浮中屹立百年而不倒。比如，创立于1928年的摩托罗拉公司，从最初不起眼的电池修理业务起家，跨进汽车收音机、电视机、半导体、集成电路及移动通信行业，最终成长为历经百年不倒的跨国企业。再比如，创立于1837年的宝洁公司，经历了经济大萧条、两次世界大战等一系列考验，历经近180年而屹立不倒。而与宝洁成立于同时代的类似企业大多数都无法生存15年以上。又比如，创立于1945年的索尼公司，公司创立人井大深在创业时和他的7位创业员工并没有明确的战略目标，他们考虑过很多可能性，从绿豆汤到小型高尔夫球机以及计算尺，最终通过电热毯制造勉强维持生计。然而，就是这样一个不起眼的小公司，最终成长为当今的商业帝国。那么，究竟什么是企业生存的重要决定因素？什么才是实现企业基业长青的秘诀？

企业的生存（survival）与发展（development）是企业实现基业长青的两大基石。其中，企业生存是企业发展的基础，而企业发展又是企业生存的保障。这两方面是相辅相成、不可分割的。

企业生存是指企业在研究期内维持其常规活动、保持组织结构的稳定性以及组内成员的忠诚度，没有退出、破产、合并等事件的发生（Hannan 和 Freeman，1989）。企业生存与企业的绩效等企业发展的研究高度相关，但又存在显著差异。首先，企业绩效的评判会因研究目标的不同而存在显著的差异，如企业效率、利润率、产值等都可以成为企业绩效的判断标准，但企业生存的判断标准具有唯一性。其次，企业绩效主要关注企业当期的表现，而企业生存更关注企业长期的演化过程。某些资源的投入可能会促进企业短期绩效的提升，但却不一定会有利于企业的长期生存；某些战略可能会带来企业短期的绩效下降（如研发创新），却可能成为企业“基业长青”的关键影响因素。因此，有必要对企业生存问题进行深入的研究和探讨。

企业发展是指企业面对未来未知环境的一种探索和适应的过程。通过企业发展战略的制定，实现企业的发展目标。有关企业发展的研究是一个非常宽泛的范围，包括企业发展战略的制定、企业发展绩效的评价等。在本书的研究中，主要关注企业发展的重要战略之一：国际化战略。

企业国际化，是指企业积极参与国际分工，由国内企业发展为跨国公司的过程。在世界经济全球化发展的今天，任何企业的生存与发展都不可避免地参与国际竞争。综观世界著名的跨国公司，都经历了从小到大、由国内市场向国际市场发展的过程。一般而言，当企业经营活动与国际经济活动发生某种联系时，企业的国际化进程就开始了。这种联系既可能是生产要素方面的，如资金、技术、人力资本等，也可能是产品和服务的中间产品或最终产品的交换，还可能包括各种海外的生产、经营和管理活动（鲁桐，2000）。有关企业的国际化是否会促进企业的发展以及提高企业的生存几率始终存在着争议。一些学者认为，企业国际化程度的提升有助于企业的发展，但也有一些研究认为，国际化程度与企业绩效之间不存在联系或存在负向关系。一些研究还认为，企业国际化将增加企业的经营风险，可能会对企业的生存造成不良影响。

出口是中国经济增长“三驾马车”之一，对中国的经济发展有着重要的作用和贡献。大量的中国出口企业用“中国制造”(Made in China)开创了中国经济的特色发展之路。近年来，中国对外直接投资额也节节攀升，表明中国企业的国际化程度逐步加深，国际化发展又迈上了一个新的台阶。而同时，许多企业海外经营负面消息不断，海外投资失败案例比比皆是。因此，如何理解企业的海外发展之路，成为理解中国企业发展、企业生存的关键问题。

二、企业的生存与相关研究

笔者通过对文献的收集和整理，发现目前有关企业发展方面的研究较多，而关注企业生存的研究较少。笔者以“生存”“死亡”“退出”为中文关键词，以“survival”“mortality”“exit”“failure”为英文关键词，对2000年以来的国内外重要期刊论文进行检索和梳理，共录得与企业生存相关的文献200余篇，其中中文论文41篇。发现企业生存的相关研究主要涉及的研究理论包括：组织生态学、资源基础理论、战略选择理论、权变理论、制度理论等；研究视角包括宏观环境和微观组织两个方面。

(一)企业生存的宏观视角

组织生态学是从宏观视角对企业生存进行分析的经典理论。组织生态学秉承达尔文的自然选择观点，认为“物竞天择，适者生存”。Hannan和Freeman(1989)将组织生态学的研究目标界定为揭示影响组织随时间变化的力量，这种力量主要指环境的力量。国外学者积累了大量的相关研究，包括：(1)揭示以种群密度为代理变量的种群合法性和竞争性对企业生存影响的密度依赖理论(density dependence)的相关研究(Bogaert等，2006；Dobrev等，2006；Loree，2008)；(2)关注以产业集中度为代理变量的种群结构对多元化、专业化企业生存影响的资源分割理论(resource partition)的相关研究(Boone等，2002；Boone等，2009；Carroll等，2002；Soule和King，2008)。

此外，环境变化对企业生存的影响也是学者关注的焦点，尤其是转型经

济下的环境变化。Roberts 和 Thompson (2003)对波兰体制转型前一年和转型后三年的企业生存进行了分析，认为转型经济过程中的环境不确定性、政权对私营企业的控制、垄断的金融体系、私有产权和风险投资市场的不健全以及市场中的存量国有企业都可能对企业的进入和退出产生影响。除体制转型外，McKendrick 和 Wade (2009)就技术变革引起的环境变化对企业生存的影响进行了分析。

区位因素对企业生存的影响是近期兴起的研究热点。Eckert 和 West (2008)、Dowell 和 David(2011)分别对 Alberta 地区的饮料零售业的选址和企业的生存进行了分析，认为在市场化的环境下，区位选择是企业生存的重要决定因素，包括是否邻近商业中心或大型超市等条件。Lyles 等(2004)发现，企业对基础设施等资源的可达性对企业生存有显著的影响效应。此外，由产业集聚引发的企业区位选择，也是企业生存的重要影响因素(Buenstorf 和 Guenther，2010；Globerman 等，2005)。

(二)企业生存的微观视角

企业生存的微观视角主要从资源基础理论出发，将企业视为各种资源的集合体(物质资源、财务资源、人力资源、组织资源)，组织通过不断“投资”有价值的、稀缺的、不可模仿的资源来提升企业的生存能力(Barney 和 Clark，2007)。其中，关注最多的资源是组织年龄和规模。年龄依赖理论和规模依赖理论认为，组织的年龄和规模与组织生存之间具有密不可分的关系。在企业生存研究中，组织的年龄和规模是最常用的控制变量。也有学者对年龄依赖和规模依赖下各因素的协同演化关系进行了深入的探讨(Dobrev 和 Carroll，2003；Mens 等，2011)。除此之外，技术(Cefis 和 Marsili，2005；Fontana 和 Nesta，2009；Helmers 和 Rogers，2010；Sinha 和 Noble，2008)、管理者的经验及社会网络(Fontana 和 Malerba，2010；Kalnins 和 Chung，2006；Lyles、Saxton 和 Watson，2004)对企业生存的影响也受到了广泛关注。也有学者对所有制与企业生存之间的关系进行了研究，主要集中在外资比重对企业生存的影响方面(Kronborg 和 Thomsen，2009；Mata 和

Portugal,2002)。Gaur 和 Lu(2007)发现,所有制、制度和在东道国的工作经验都会对外资企业海外分支机构的生存产生影响。

组织的战略选择是组织生存中的另一重要理论流派。战略选择就是对组织结构及其运作模式的选择,就是要创造适应组织生存的环境,而不是简单地适应环境。现有研究主要集中在组织进入时机(Dowell 和 Swaminathan,2006;Geroski 等,2010)、组织战略(Cottrell 和 Nault,2004;Lyles、Saxton 和 Watson,2004)、组织结构(Bradley 等,2011)等因素对企业生存的影响研究方面。

(三)企业与环境的协同演化与组织生存

环境影响组织生存的同时,组织也构成了环境。组织及其运作模式的演化不仅仅是适者生存的自然选择过程,更是环境选择与组织选择共同作用的结果。Geroski、Mata 和 Portugal (2010)指出,在有关组织生存的研究中,任何一种理论都没有优劣之分,每一种理论中都有对组织生存产生影响的关键因素,因此,要以综合的视角来看待问题。Ilmakunnas 和 Topi (1999)、Bonn(2000)、Zimmermann 和 Zeitz(2002)的研究都从宏观和微观的综合视角对企业生存的影响要素和影响机理进行了较为全面的分析与阐述。

本研究将结合笔者多年的研究成果,在中国模式这样一个大框架下,整合中国建筑业、制造业等微观企业数据,对中国企业生存中的关键问题进行研究。

三、企业的发展与相关研究

本研究主要关注企业的国际化战略,将中国企业的国际化战略作为企业发展的关键研究内容。通过文献综述,本书发现,目前国际化的相关研究主要集中在国际化目的地的选择(location choice)、国际化方式的选择(mode choice)以及国际化时间的选择(time choice)三个主要方面。

而与此相关的理论从多个视角对企业国际化的现象进行了解释。如交易成本理论认为，通过国际化，企业能将外部的货物、知识及资本市场的中间交易纳入企业内部，可以减少由有限理性等原因带来的中间交易的不完善，降低交易成本（Teece，1986）。而 Dunning（1980）的国际生产折衷理论（eclectic theory of international）则认为，国际化是企业利用所有权优势、内部化优势和区位优势在国际市场上追求利益最大化的过程。也有学者从知识的角度解释了企业国际化（Gupta 和 Govindarajan，2000；Kogut 和 Zander，1993；Love，1995），认为国际化是企业跨国传输知识和技术的一种非常有效的途径。而产业组织的研究则认为，企业国际化是对国内激烈竞争和国外富有吸引力市场的一种回应。国内激烈的竞争可能促使企业在国际市场上寻求适合其生存的市场(Ito，1997)。

尽管在理论方面一般认为，企业国际化发展会对企业的绩效产生正面的影响，会促进企业的长期发展以及企业的生存，然而，在实证方面却得出了不一致的结论。虽然目前大部分实证都证明了国际化理论所给出的假设，即企业的国际化将促进企业绩效的提升，但是也有一些研究无法证明两者之间的显著关系。Daniels 和 Bracker（1989）从 1984 年的《福布斯》杂志中选出 116 家美国企业，以海外销售额占总销售额比率（FSTS）与海外资产占总资产比率（FATA）作为衡量标准，将样本划分为 6 个组，然后以绩效为因变量进行统计分析，结果发现，FSTS 在 40％～50％及 50％以上，虽然对企业的绩效有正向的影响，但并未达到显著水平；而 FATA 在 40％～50％及 50％以上，对企业绩效的影响非常混乱。此外，甚至有一些学者发现国际化与企业绩效之间存在反向联系。Michel 和 Shaked（1986）以持股人股价报酬为绩效进行分析，其结果显示，国内企业持股人的报酬高于国际企业持股人的报酬。因而得出结论，国际化与企业绩效之间为负相关关系。而 Sapienza 等（2006）提出，企业的国际化可能会降低企业的生存率，但同时这种效应受到企业年龄等因素的调节。

企业出口作为企业国际化途径的一种，并且是最初阶段的主要方式，其研究受到了广泛的关注。企业为什么会选择出口作为企业的发展战略？一般认为，影响企业出口的最重要的决定因素是企业的生产率，生产率高的企业更倾向于出口。然而，一些国内学者在对中国出口企业的研究中发现了“生产率悖论”现象（李春顶，2010），即非出口企业的生产率普遍高于出口企业。一些学者认为是国内市场分割、社会信用体系缺失和知识产权保护制度缺位等制度扭曲造成的企业“被迫”出口（张杰等，2008，2010；朱希伟等，2005）。此外，Besedes 和 Blyde（2010）发现，关税、交通成本、企业初始规模、产品种类、金融体系等都对企业的出口持续时间造成影响；刘志彪和张杰（2009）发现，产品供应链关系、企业规模、出口密集度、产业集聚等都对中国企业的出口产生显著的影响，但是人力资本与资本密集度并未成为中国本土制造业企业出口的决定因素。

在企业出口战略对企业绩效的影响方面，Syverson（2010）在其 NBER 的工作论文中对企业绩效的影响因素进行了全面的回顾和梳理，发现企业的出口是促进企业生产率提高的重要因素。虽然一些研究认为生产率高的企业会出口，但仍有一些研究证明了出口同样能提高企业的生产率（Bernard 和 Jensen，1999）。Ito 和 Lechevlier（2010）发现，已有一定研发积累的企业进行出口，能极大改善企业的生产率，进而进一步证明了在出口和创新的协同作用下，企业将获得可持续竞争力。国内学者也证明企业的出口行为对中国企业的绩效有明显的促进作用（张杰等，2009）。但出口对中国本土企业生产率的促进效应，并不是通过自主创新的方式获得的。金祥荣等（2012）甚至认为，中国企业的出口虽然会促进企业规模的快速扩张，但是在生产率的提高上却收获甚微，中国做出口的优质企业可能会演变为更劣质的企业。

第二节　中国模式的诠释

1978 年改革开放以来，中国经济已保持了 30 多年的强劲增长。1979～2011 年间，中国经济总量以年均 9.9％的增长率先后超过了意大利、法国、英国、德国和日本等国，成为世界第二大经济体，从人均GDP 220美元的贫困国家跻身至5 414美元的中等收入国家行列。中国以快于世界经济增长近2倍的速度迅速缩小与发达国家之间的差距。以接近10%的速度持续增长30年，这是世界经济发展史上的一大奇迹。中国经济的异军突起引发了广泛关注，兴起了有关“中国模式”的探讨。

中国模式的含义是非常丰富的，从经济部门的角度看，有农业联产承包责任制、工业承包经营责任制、价格双轨制、财政包干制、利率和汇率双轨制、现代企业制度等；从区域发展的角度看，有深圳模式、苏南模式、温州模式、昆山模式、义乌模式、华西模式、鄂尔多斯模式等；从社会领域的角度看，有中国特色社会主义道路、中国特色自主创新道路、中国特色新型工业化道路、中国特色农业现代化道路、中国特色城镇化道路、中国特色政治发展道路等内容。胡乐明等(2009)认为，“中国模式”是立足于中国的特殊国情，以“发展中国家＋转型国家＋社会主义国家”三重属性构成的发展模式。而郑永年(2009)则认为，中国经济模式的典型特征包括混合所有权制度、出口导向和内部需求、政府和市场几个方面。张宇(2008)则指出，中国经济模式的典型特征包括从传统计划经济体制向市场经济转型的经济改革模式、从传统的农业社会向现代工业社会以及传统的工业社会向信息社会发展的新型工业化道路、从封闭半封闭到全面开放融入全球化的模式，以及中国特色社会主义道路。此外，研究多认为，中国的经济发展具有典型的渐进式改革的特点。勃兰特和罗斯基(2009)认为这种渐进式改革具体表现为从贫穷到逐步富裕、从农村到城市、从计划经济到市场经济、从公有制到公有制为主体多种经济成分共存、从孤立到融入全球经济。

虽然具有鲜明的特征，并取得了骄人的成绩，但“中国模式”也存在着许多不可回避的问题。保罗·克鲁格曼(1999)在盛赞中国经济卓越成就的同时，指出中国经济增长是靠资源投入而不是效率提升获得的。同时，中国经济增长与宏观稳定课题组(2008)指出，“中国模式”在生产要素投入上有很强的政府干预，规模化低成本竞争是微观企业扩张的主要途径，在经济管理上的歧视性政策长期存在，如沿海地区的优先发展、国有和非国有企业政策支持差异等。张宇(2008)也指出，目前中国的社会主义市场经济体制仍然不完善，存在着市场秩序混乱、政府职能转变不到位、社会管理和公共服务职能薄弱、公平正义保障不足、社会保障体系不够健全、城乡体制分割等一系列问题。同时，在企业方面，黄亚生(2011)则认为，中国国有企业和垄断资本的大量存在严重压缩了民营企业的生存空间，同时政府过度干预经济的方式严重阻碍了经济的持续发展。虽然存在一系列亟待解决的问题，但是“中国模式”所取得的成绩不容忽视。本书认为，中国模式最大的特点体现在以下方面：

混合所有制经济。改革开放以后，中国开始引入和鼓励其他多种所有制形式，包括民营经济、外资经济等。同时，中国的国有经济仍在中国经济中占有一定的比重。特别是通过国有企业改制等一系列改革措施，国有经济的总量减少，但平均规模增大，在一些行业内仍然占据垄断地位。在这样特殊的环境中，国有经济、民营经济和外资经济这三种力量作为中国经济发展的重要力量，既相互竞争，也存在着合作与共赢。

出口导向经济。受东南亚等国家的影响，中国在改革开放后采取了“出口导向”的对外经济政策，这在一定程度上弥补了国内市场需求的不足，同时极大程度地将中国经济和世界经济紧密结合在一起。但也要看到，中国以粗放式经营、以低附加值的出口代工为主的出口模式已难以为继。一方面，国内劳动力、原材料等成本的上涨，将降低中国制造在低端产业方面的竞争力；另一方面，粗放式经营带来的环境问题同样不容忽视。

市场与政府的关系。考虑任何中国问题都不能忽略中国环境下市场与政府之间的关系。中国在改革开放前实行计划经济，政府在经济发展中的作用绝对化，市场被视为属于资本主义制度，其功能也被否认。改革开放以后，中国大力推进社会主义市场经济建设，提倡用“看不见的手”对市场进行调节。但中国政府在市场经济的发展中仍然扮演着很重要的角色，在经济发展的很多领域都有很强的政府干预效应存在。

此外，中国产业内企业竞争激烈、产业集中度低、产业同构现象严重、区域发展不平衡等问题都是中国模式下的一些表象。在本研究中，笔者将从中国模式下企业的视角出发，探讨在中国这个“发展中国家＋转型国家＋社会主义国家”的背景下中国企业的生存与发展。

第三节　中国模式下企业的生存与发展

作为“中国模式”的重要载体，中国企业如雨后春笋般蓬勃发展，企业数量、产值大幅提升，国际影响力不断增强。但同时，受到“中国模式”三重属性——发展中国家＋转型国家＋社会主义国家的影响(胡乐明、刘志明和张建刚，2009)，中国企业展现出特殊的成长现象，引发了诸如不同所有制企业的效率、出口企业的生产率悖论等探讨。Tan 和 Tan(2005)认为，一般市场经济研究所得出的结论很难应用于中国环境下的企业成长机制中。Meyer 等(1990)指出，中国这种处于经济转型过程中的连续的、剧烈的环境变化与相应的组织反应将为组织管理领域动态关系的研究提供得天独厚的机会。因此，“中国模式”下企业的研究具有重要的理论意义。

在改革开放前，中国企业并没有破产的概念，也没有遇到企业生存等难题和挑战。企业作为计划经济的一部分，其从生产到销售都是由政府而不是市场决定的。1985 年，中国通过了第一个有关企业破产的法律——《沈阳关于城镇集体工业企业破产倒闭处理试行规定》，而沈阳的防爆器械厂成为新中国成立以来第一个破产的企业。在此之后，中国企业才有了真正的企业破产和退出的概念。经过多年的发展，中国企业的进入和退出机制逐步完善。企业在物竞天择、适者生存的市场竞争法则下，效率和竞争力都获得了显著的提高；但同时，企业的生存和发展也成为摆在企业面前最关键的问题。

在目前的环境下，中国企业面临着世界经济复苏不确定性加大、贸易摩擦不断加剧的国际环境，以及濒临“中等收入陷阱”、经济指标下行压力明显、劳动力和原材料价格大幅上涨的国内环境，生存压力巨大。企业间竞争不断加剧，企业“破产”“退出”“合并”频繁上演。在这样的环境下，什么才是中国企业生存和发展的重要决定因素？中国企业的发展战略又将发生怎样的转变？不同要素对中国企业生存及发展将产生怎样的影响？围绕这些问题，本研究将在组织生态学理论的基础上，以中国制造业和建筑业企业作为研究对象，分析在“中国模式”这一特有背景下中国企业发展演化的道路。其主要结构如图1—1所示：

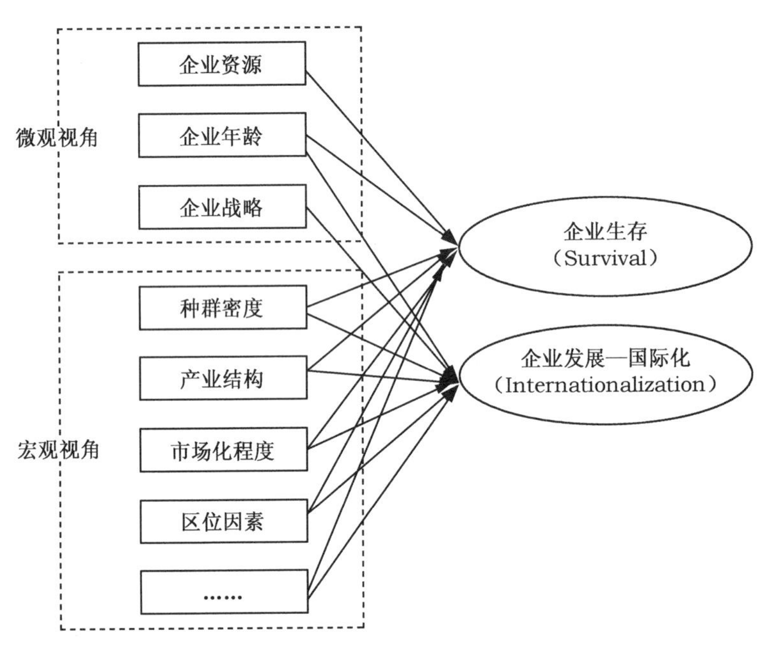

图1—1　研究思路

第一，在密度依赖理论的基础上，本书研究了种群密度对企业生存的影响。目前，有关中国企业生存和死亡的研究多关注经济属性对企业生存的影响，而企业所处的产业和宏观环境也会对企业产生深远的影响。中国自改革开放以来，现代企业制度从无到有，企业数量激增，中国企业在很短的时间内完成了产业内从合法性作用到竞争性作用的转变。在这样的环境下，企业的生存将呈现出怎样的演化路径，将是本书研究和关注的焦点。

第二，我们发现组织生态学中的密度依赖理论不仅能应用于企业生存的研究，在有关企业国际化的研究中企业也同样受到密度依赖作用的影响。中国企业在国际化方面呈现出快速国际化的特点，这是否是受到来自于内部和外部国际化合法性的影响和种群内竞争作用的影响？本研究将以制造业为研究背景，对这一问题进行分析。

第三，中国企业，尤其是中小企业的生存时间较短，这与中国产业集中度低、产业结构不合理、产业同构现象严重等有直接的关系。中小企业或专业化企业应当在产业中和大型或多元化企业形成错位竞争，这正是资源分割理论所强调的重点。运用资源分割理论，本研究将对中国产业发展中是否存在资源分割现象、资源分割将对中国企业的生存产生怎样的影响、中小企业如何才能在激烈的市场竞争中寻求适合生存的生态位置等问题进行分析。

第四，在从企业微观视角对企业生存和发展进行分析方面，主要选取了企业的年龄因素，这是对企业生存和发展最重要的影响变量，事实上，企业生存和发展的一切行为都是企业年龄的函数。然而，与以往研究不同的是，本研究没有考量年龄对企业生存的影响，而主要关注了企业年龄对企业国际化倾向的影响。针对中国企业快速国际化的这一现象，本研究试图分析企业年龄对企业国际化决策的影响，以及在中国模式下对这一年龄依赖效应产生影响的其他因素。

第五，在解决以上几个主要研究问题的同时，我们还考量了企业所有制、企业战略、市场化程度、区位因素等中国模式下重要的微观和宏观变量对企业生存和发展的影响，试图从组织演化的视角对中国模式下企业的生存和发展状况及其影响因素进行勾勒和分析，以发现中国企业发展与经典理论之间的共性。更重要的是，发现中国模式下中国企业在生存和发展中所呈现的特殊性。

参考文献

[1] Abdesselam, R., Bonnet, J., Le Pape, N. "An explanation of the life span of new French firms". *Small Business Economics*, 2004, 23(3): 237—254.

[2] Barney, J.B., Clark, D.N. *Resource-based theory: creating and sustaining competitive advantage*. Oxford: Oxford University Press, 2007.

[3] Bernard, A.B., Jensen, J.B. "Exceptional exporter performance: cause, effect, or both?". *Journal of International Economics*, 1999, 47(1): 1—25.

[4] Besedes, T., Blyde, J. "What drives export survival? An analysis of export duration in Latin America". January, available at www.editorialexpress.com/cgi-bin/conference/download.cgi, 2010.

[5] Bogaert, S., Boone, C., Carroll, G.R. "Contentious Legitimacy: Professional Association and Density Dependence in the Dutch Audit Industry 1884—1939"SSRN eLibrary, 2006.

[6] Bonn, I. "Staying on top: characteristics of long-term survival". *Journal of Organizational Change*, 2000, 13(1): 32—48.

[7] Boone, C., Carroll, G.R., Van Witteloostuijn, A. "Resource distributions and market partitioning: Dutch daily newspaper, 1968—1994". *American Sociological Review*, 2002, 67: 408—431.

[8] Boone, C., Meuwissen, R., van Witteloostuijn, A. "Resource-partitioning processes in the audit industry". *Strategic Organization*, 2009, 7(3): 307—338.

[9] Bradley, S.W., Aldrich, H.E., Shepherd, D.A., Wiklund, J. "Resources, environmental change, and survival: asymmetric paths of young independent and subsidiary organizations". *Strategic Management Journal*, 2011, 32: 486—509.

[10] Buenstorf, G., Guenther, C. "No place like home? Relocation, capabilities, and firm survival in the German machine tool industry after world war Ⅱ". *Industrial and Corportae Change*, 2010, 20(1): 1—28.

[11] Carroll, G.R., Dobrev, S.D., Swaminathan, A. "Organizational processes of resource partitioning". *Research in Organizational Behavior*, 2002, 24: 1—40.

[12] Cefis, E., Marsili, O. "A matter of life and death-innovation and firm survival". *Industrial and Corportae Change*, 2005, 14(6): 1167—1192.

[13] Cottrell, T., Nault, B. "Product variety and firm survival in the microcomputer soft-

ware industry". *Strategic Management Journal*, 2004, 25: 1005—1025.

[14]Daniels, J. D., Bracker, J. "Profit performance: do foreign operations make a difference?". *Management International Review*, 1989, 29: 46—56.

[15]Dobrev, S. D., Carroll, G. "Size (and competition) among organizations: modeling scale-based selection among automobile producers in four major countries, 1885—1981". *Strategic Management Journal*, 2003, 24: 541—558.

[16]Dobrev, S.D., Ozdemir, S.Z., Teo, A.C. "The ecological interdependence of emergent and established organizational populations: Legitimacy transfer, violation by comparison, and unstable identities". *Organization Science*, 2006, 17(5): 577—597.

[17]Dowell, G., David, R.J. "Effects of ancestral populations on entrepreneurial founding and failure: private liquor stores in Alberta, 1994—2003". *Industrial and Corportae Change*, 2011, 20(3): 825—853.

[18]Dowell, G., Swaminathan, A. "Entry timing, exploration, and firm survival in the early U.S. bicycle industry". *Strategic Management Journal*, 2006, 27(12): 1159—1182.

[19]Dunning, J. H. "Toward an eclectic theory of international production: Some empirical tests". *Journal of International Business Studies*, 1980, 11(1): 9—31.

[20]Eckert, A., West, D. S. "Firm survival and chain growth in a privatized retail liquor store industry". *Review of Industrial Organization*, 2008, 32: 1—18.

[21]Fontana, R., Malerba, F. "Demand as a source of entry and the survival of new semiconductor firms". *Industrial and Corportae Change*, 2010, 19(5): 1629—1654.

[22]Fontana, R., Nesta, L. "Product innovation and survival in a high-tech industry". *Review of Industrial Organization*, 2009, 34: 287—306.

[23]Gaur, A.S., Lu, J.W. "Ownership Strategies and Survival of Foreign Subsidiaries: Impacts of Institutional Distance and Experience". *Journal of Management*, 2007, 33(1): 84—110.

[24]Geroski, P. A., Mata, J., Portugal, P. "Founding conditions and the survival of new firms". *Strategic Management Journal*, 2010, 31: 510—529.

[25]Globerman, S., Shapiro, D., Vining, A. "Clusters and intercluster spillovers: their influence on the growth and survival of Canadian information technology firms". *Industrial and Corportae Change*, 2005, 14(1): 27—60.

[26]Gupta, A.K., Govindarajan, V. "Knowledge flows within multinational corporations". *Strategic Management Journal*, 2000, 21(4): 473—496.

[27]Hannan, M.T., Freeman, J. *Organizational Ecology*. MA: Harvard University Press, 1989.

[28]Helmers, C., Rogers, M. "Innovation and the survival of new firms in the UK". *Review of Industrial Organization*, 2010, 36: 227—248.

[29]Ilmakunnas, P., Topi, J. "Microeconomic and Macroeconomic influences on entry and exit of firms". *Review of Industrial Organization*, 1999, 15(3): 283—301.

[30]Ito, K. "Domestic competitive position and export strategy of Japanese manufacturing firms: 1971—1985". *Management Science*, 1997, 43(5): 610—622.

[31]Ito, K., Lechevlier, S. "Why some firms persistently out-perform others: investigating the interactions between innovation and exporting strategies". *Industrial and Corporate Change*, 2010, 19(6): 1997—2039.

[32]Kalnins, A., Chung, W. "Social capital, geography, and survival: Gujarati immigrant entrepreneurs in the U.S. lodging industry". *Management Seicnce*, 2006, 52(2): 233—247.

[33]Kogut, B., Zander, U. "Knowledge of the firm and the evolutionary theory of the multinational corporation". *Journal of International Business Studies*, 1993, 24(4): 625—645.

[34]Kronborg, D., Thomsen, S. "Foreign ownership and long-term survival". *Strategic Management Journal*, 2009, 30: 207—219.

[35]Loree, D. "Density-dependent strategic action: Outcomes of structural market commitment in the global integrated circuit industry". *Journal of Engineering and Technology Management-JET-M*, 2008, 25(1—2): 23—57.

[36]Love, J.H. "Knowledge, market failure and the multinational enterprise: A theoretical note". *Journal of International Business Studies*, 1995, 26: 399—407.

[37]Lyles, M.A., Saxton, T., Watson, K. "Venture survival in a transitional economy". *Journal of Management*, 2004, 30(3): 351—375.

[38]Mata, J., Portugal, P. "The survival of new domestic and foreign-owned firms". *Strategic Management Journal*, 2002, 23: 323—343.

[39]McKendrick, D.G., Wade, J.B. "Frequent incremental change, organizational size, and mortality in high-technology competition". *Industrial and Corportae Change*, 2009, 19(3):

613—639.

[40]Mens, G. L., Hannan, M. T., Polos, L. "Founding conditions, learning, and organizational life chances: age dependence revisited". *Administrative Science Quarterly*, 2011, 56: 95—126.

[41]Meyer, A.D., Brook, G., Goes, J.B. "Environmental jolts and industry revolutions: organizational responses to discontinuous change". *Strategic Management Journal*, 1990, 11: 93—110.

[42]michel, A., Shaked, I. "Multinational corporations vs. domestic corporations: Financial performance and characteristics". *Journal of International Business Studies*, 1986, 18: 89—100.

[43]Roberts, B.M., Thompson, S. "Entry and exit in a transition economy: the case of Poland". *Review of Industrial Organization*, 2003, 22(3): 225—243.

[44]Sapienza, H.J., Autio, E., George, G., Zahra, S. A. "A capabilities perspective on the effects of early internationalization on firm survival and growth". *Academy of Management Review*, 2006, 31(4): 914—933.

[45]Sinha, R. K., Noble, C. H. "The adoption of radical manufacturing technologies and firm survival". *Strategic Management Journal*, 2008, 29: 943—962.

[46]Soule, S.A., King, B.G. "Competition and resource partitioning in three social movement industries". *American Journal of Sociology*, 2008, 113(6): 1568—1610.

[47]Syverson, C. "What determins productivity?". *National Bureau of Economic Research*, 2010.

[48]Tan, J., Tan, D. "Environment-strategy co-evolution and co-alignment: a staged model of Chinese SOEs under transition". *Strategic Management Journal*, 2005, 26(2): 141—157.

[49]Teece, D.J. "Transactions cost economics and the multinational enterprise". *Journal of Behavior and Organization*, 1986, 7(1): 21—45.

[50]Zimmermann, W., Zeitz, G. J. "Beyond survival: achieving new venture growth by building legitimacy". *Academy of Management Review*, 2002, 27(3): 414—431.

[51]中国经济增长与宏观稳定课题组.中国可持续增长的机制：证据、理论和政策[J].经济研究，2008(10)：13—25.

[52]保罗·克鲁格曼著.朱文晖等译.萧条经济学的回归[M].北京：中国人民大学出版

社,1999.

[53]刘志彪,张杰.我国本土制造业企业出口决定因素的实证分析[J].经济研究,2009,8(4):99—112.

[54]勃兰特,罗斯基著.方颖译.伟大的中国经济转型[M].上海:格致出版社,2009.

[55]吕国胜.中小企业研究[M].上海:上海财经大学出版社,2000.

[56]张宇.中国模式的含义与意义[J].经济学动态,2008(11):25—29.

[57]张杰,刘志彪,张少军.制度扭曲与中国本土企业的出口扩张[J].世界经济,2008(10):3—11.

[58]张杰,张培丽,黄泰岩.市场分割推动了中国企业出口吗?[J].经济研究,2010(8):29—41.

[59]张杰,李勇,刘志彪.出口促进中国企业生产率提高吗?[J].管理世界,2009(12):11—26.

[60]朱希伟,金祥荣,罗德明.国内市场分割与中国的出口贸易扩张[J].经济研究,2005(12):68—76.

[61]李春顶.中国出口企业是否存在"生产率悖论":基于中国制造业企业数据的检验[J].世界经济,2010(7):64—81.

[62]胡乐明,刘志明,张建刚.国家资本主义与"中国模式"[J].经济研究,2009(11):31—37.

[63]郑永年.国际发展格局中的中国模式[J].中国社会科学,2009(5):20—28.

[64]金祥荣,刘振兴,于蔚.企业出口之动态效应研究——来自中国制造业企业的经验:2001—2007[J].经济学,2012,11(2):1097—1112.

[65]鲁桐.企业国际化阶段、测量方法及案例研究[J].世界经济,2000(3):9—18.

[66]黄亚生."中国模式"到底有多独特[M].北京:中信出版社,2011.

第二章

组织生态学研究框架

目前，有关企业生存及发展的研究中大多关注企业的资源（资源基础理论）、企业的战略（战略选择理论）等对企业生存和发展的影响作用。然而，企业并不是孤立地存在于环境当中的，企业的建立、发展乃至死亡受到其资源禀赋和战略选择的影响，存在一定的偶然性；但同时也受到与其他组织之间关系的影响以及环境选择的影响，同样存在一定的必然性。组织生态学的研究目标是揭示使组织结构随时间而变化的力量，这种力量主要指环境的力量。组织生态学正是从"物竞天择，适者生存"的角度对企业生存和发展的影响作用进行诠释。在中国背景下，环境选择是影响企业生存乃至企业发展战略选择的最重要的因素之一，因此运用组织生态学理论对中国企业的生存和发展进行研究，具有重要的理论和实践意义。

第一节　组织生态学的概念及特点

一、组织生态学的概念

从 20 世纪 80 年代以来，有关组织的研究，开始从过去的模式驱动型研究(paradigm-driven work)发展为问题驱动型研究(problem-driven work)。在20世纪70年代中期,过去的一些范例研究都逐步趋向于细化,产生了包括新制度理论(new institutional theory)、交易费用经济学(transaction cost economics)、金融经济学中的代理理论(agency theory in financial economics)以及组织生态学(organizational ecology)等理论。这些理论反映了企业随着时间的一些变化趋势,包括:集中度的提升、多样化、机构化(Davis和Marquis,2005)。组织生态学是其中最重要的理论之一。

组织生态学是在组织种群生态理论基础上发展起来的一门新兴交叉学科,是1977年由Hannan和Freeman提出的(梁磊,2004)。在他们有关组织生态学的经典著作《组织生态学》(*Organizational Ecology*)中,他们将组织生态学定义为"一种建立在组织种群和群落变化的一般生态学和演化模型基础上的组织宏观社会学观点,其目标是揭示影响组织结构随时间变化的力量(Hannan和Freeman,1989)。它借鉴生物学、生态学、社会学等学科的知识,结合新制度经济学和产业经济学等学科的理论来研究组织个体的发展,以及组织之间、组织与环境之间的相互关系。经过30多年的发展,组织生态学已经成为组织理论的一个重要分支(Carroll和Barnett,2004),其演化主要经历了三个阶段:第一阶段是20世纪70年代末到80年代末的初始阶段。在这一阶段,研究主要集中在组织进入、组织退出、组织存活率、组织设立和组织死亡率等方面。第二个阶段是20世纪90年代初到90年代中期的组织进化阶段。该阶段重点研究社会环境如何影响组织的创建和死亡以及组织形式的变化。在该阶段,组织变革被纳入组织生态学的研究领域,并产生了组织进化的概念,研究内容也开始从选择性转向既定模型。在第二阶段,适应与选择之间的关系被有机地结合在一起,组织生态学与交易费用理论、资源依赖理论进一步融合。第三阶段起始于20世纪90年代末的组织演化动力学阶段。该阶段主要研究影响组织种群演化的各种因素。演化经济理论、战略管理理论、制度理论、技术和创新管理理论等都被极大程度地吸纳到组织生态学研究中(Amburgey和Rao,1996)。

我国学者彭壁玉(2006)对组织生态学的研究进行了总结,得出组织生态学的研究主线主要有五条:第一条研究主线是利用 Lotka-Vorterra 模型的变量来检验组织种群之间的竞争;第二条研究主线是分析组织年龄的生态学意义;第三条研究主线是研究环境扰动对组织成立率和死亡率的影响;第四条研究主线是探讨通才组织(具有多样化条件下的广泛适应力)与专才组织(具有有限环境条件下的高成长率)之间生存策略的差异;第五条研究主线是研究种群内部竞争与种群之间的竞争对组织成立率和死亡率的影响。

随着组织生态学的不断发展,该理论的应用已经不仅仅局限于组织生存、死亡的研究。Kostova 和 Zaheer(1999)将组织生态学中组织合法性的研究拓展至跨国企业的研究中,指出合法性是指组织被其所生存的环境接受,获得环境的认可。而跨国企业的合法性则是指跨国企业在国际化的环境中被接受,这既包括其母国环境,也包括其目标国环境。这样的"国际合法性"将影响组织的跨国战略选择和跨国企业生存。与战略管理中其他强调组织自主性的理论不同,组织生态学的研究强调组织与其他组织和环境之间的关系,认为组织的一系列活动,包括组织的生存、死亡、变革、战略选择等都受到环境和其他组织之间关系的影响。这样的特点使组织生态学的研究具有其自身的特点,对研究深受环境影响的中国企业的生存和发展具有重要的理论和实践意义。

二、组织生态学研究的特点

根据 Whittington(2001)对经典战略管理理论的总结(见图 2—1),可以看出,与强调组织战略计划性的经典战略管理理论(Chandler,1962;Porter,1980)和制度理论(Granovertter,1985)不同,组织生态学更强调环境对组织选择的自发性过程。而与关注人力资源、物质资源等多重目标的资源基础理论(Barney 和 Clark,2007;Wernerfelt,1984)和核心竞争力理论(Hamel 和 Prahalad,1994),以及着眼于组织同构性的制度理论(Granovertter,

1985)不同,组织生态学的主要研究目标是组织的创建、变革和死亡,其本质是研究组织如何在适应环境选择作用下达到其利润最大化。而与交易成本理论(Williamson,1975;Williamson,1991)相比,组织生态学更多地着眼于环境外部性作用。

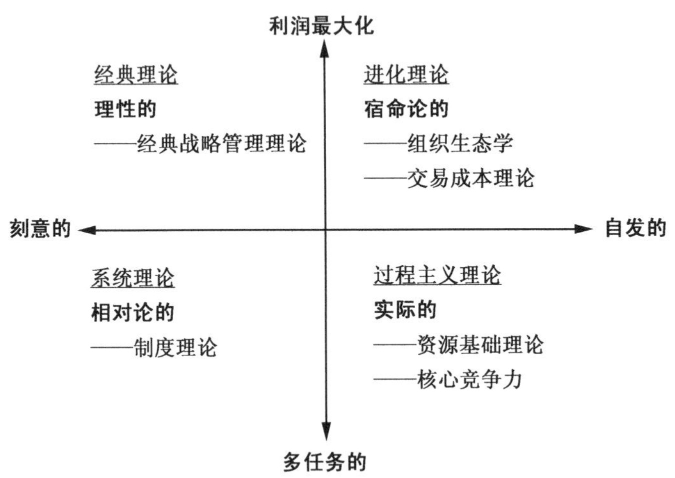

资料来源:根据 Whittington(2001)改编。

图 2—1　经典战略管理理论

组织生态学最为重要的特点在于其不同于其他理论关注的领域和研究的问题。

(1)组织生态学强调研究产业中所有的企业。与其他研究中多关注特定的成功企业或大型企业不同,组织生态学收集种群内所有组织的生存数据,既包括著名的大企业,也包括普通的小企业(Dobrev,2000)。

(2)组织生态学关注环境变量如何影响:新组织形式及组织的建立;组织形式以及组织的死亡;组织的变革(Singh 和 Lumsden,1990)。

(3)组织生态学强调产业长期演变过程中环境对组织选择过程的重要性(Singh 和 Lumsden,1990)。大多数进行组织研究的学者认为,组织结构可以改变,并且这种适应性的结构变革能够被人所操纵。但组织生态学者认为，组织结构形式的改变应归因于环境的“选择”（Aldrich 和 Jeffrey，1976）。

第二节　组织生态学的研究框架

一、研究层次

Baum 和 Singh（1992）在其有关组织生态学的研究中认为，组织生态学的研究一般可分为四个层次：组织内演化（intra-organizational evolution）、组织演化（organizational evolution）、种群演化（population evolution）和群落演化。其中，组织内演化侧重于研究个人、群体、知识和工具；组织演化侧重于研究组织过程、边界、活动系统和战略；而种群演化和群落演化则主要研究组织集合内部和相互之间的关系与相互作用（Baum 和 Singh，1992）。基于 Baum 等人的研究成果，在将组织生态学的研究同其他相关学科的研究比较的基础上，梁磊和邢欣（2003）也将组织生态学的研究分为四个层次：组织个体（organizational individuals）、组织种群（organizational population）、组织群落（organizational community）和组织生态系统（organizational eco-systems）。

（一）组织个体生态学

组织个体生态学是以组织个体为对象，重点研究组织内部构成、组织内部要素对组织行为、结构及结果的基本规律。它通常将组织动态过程分解为相互作用（interaction processes）和复制过程（replication processes）（Baum 和 Shipilov，2006）。

（二）组织种群生态学

组织种群生态学是以多个具有某种相同特征（主要是外部环境依赖关系相同）的组织集合（即种群）为对象，重点研究种群的结构、行为及结果的基本规律。这是组织生态学研究中发展最早，也是最成熟的领域。既往组织种群生态学的主要研究是通过对诸如保险、计算机、报纸、日托所、广播电台、葡萄酒和汽车等具体行业的分析，重点围绕组织年龄、规模依赖、组织变化率及变化结果等种群过程，以及生境宽度、密度依赖等生态过程，揭示组织年龄、规模、变革、技术战略、结构惯性、环境稳定性、生境变化、资源分割、种群密度、竞争强度等分析变量之间的关系，以期说明组织种群的动态演化特征。近年来，其研究焦点不断变化，除了上述经典研究领域的工作在不断深化以外，更增加了包括种群层次学、种群动力学、组织集聚、制度化过程等方面的研究。同时，由于组织种群处于整个组织生态结构中的中间层次，因此它和上、下层次之间的关系也成为值得研究的内容。对于组织种群层次的研究，经济学（特别是产业经济学）、生态学、社会学和统计学方面的理论、技术和方法可以产生积极的支持和借鉴作用。

（三）组织群落生态学

组织群落生态学以多个组织种群集合为对象，重点研究种群之间的结构、行为、作用结果以及与环境之间关系的基本规律。组织群落生态学也是组织生态学研究中发展得比较早、成果比较丰富的领域。在现有的组织群落生态研究成果中，学者们通过对教育、电话、电子元件、保健等产业以及美国硅谷等特定对象的研究，重点围绕组织的协作共生、技术系统生态、专业兴趣等，探讨了组织的生命率、组织密度、部门间依赖、技术等级、联盟与合作等问题，得到了包括部门间存在正（负）向相互依赖关系、种群间关系具有非线性特征、组织间存在协作与竞争网络、网络产业的协作与竞争突出表现为技术的互补性与非兼容性、组织间竞争具有先动与后动模式、中介群落具有特定作用等一系列结论。在对组织群落结构的研究中，一些学者还借鉴生态学中的 Lotka-Volterra 模型来研究特定部门和产业中的单一种群、双种群和多种群结构，形成了不同群落的演化模型。

（四）组织生态系统生态学

在现代生态学中，所谓生态系统（ecosystem）是指在一定时间和空间内，由生物群落与其环境组成的一个整体，各组成因素间借助物质流动、能量流动、物质循环、信息传递和价值流动而相互联系、相互制约，并形成具有自调节功能的复合体。而组织生态系统生态学则是以生态系统为对象，研究生态系统的组成要素、结构与功能、发展与演替，以及人为影响与调控机制的生态科学（戈峰，2002）。但是目前对组织生态系统的研究还较少。

二、组织生态学的主要理论及其应用

（一）密度依赖理论

一般认为在资源约束下，生物种群的增长不是按几何级数无限增长，而是呈现出先快后慢的“S”形曲线，即著名的 Logistic 增长模型。在此基础上，Hannan 和 Freeman（1989）将新制度理论引入组织生态学的研究中，提出了著名的密度依赖理论（density dependence theory）。他们认为种群密度同时受到合法性（legitimation）和竞争性（competition）两种作用的影响。由于这两个过程的共同作用，将种群的发展分为以下几个阶段：

（1）当一种新的组织形式产生时，如 19 世纪新诞生的汽车制造业，它的种群密度较低，合法性对种群的发展起主要作用（见图 2—2）。此时，种群中新组织形式的合法性较低，缺少社会认同度，难以获得资金、劳动力、供应商等方面的支持，进而导致这一阶段组织的死亡率较高（见图 2—3）。

（2）随着新组织形式的不断发展，种群中新组织数量的增加强化了新组织形式的合法性，提高了其制度基础和政治权力基础，加强了其社会认同感。这表现为随着种群密度的增加，组织的成立率上升、死亡率下降（见图 2—3）。

（3）种群的合法性增长到一定程度后增速将逐步放缓，表示该产业步入成熟期。而随着种群密度的不断增加带来了种群中竞争性的增强（见图 2—2）。当种群的合法性效应大于竞争性效应时，竞争性对种群发展起主要作用，表现为种群内成立率下降、死亡率上升（见图 2—3）（Carroll 和 Barnett，2004）。

根据这样的假设，Hannan（1986）提出组织的成立率与合法性和竞争性

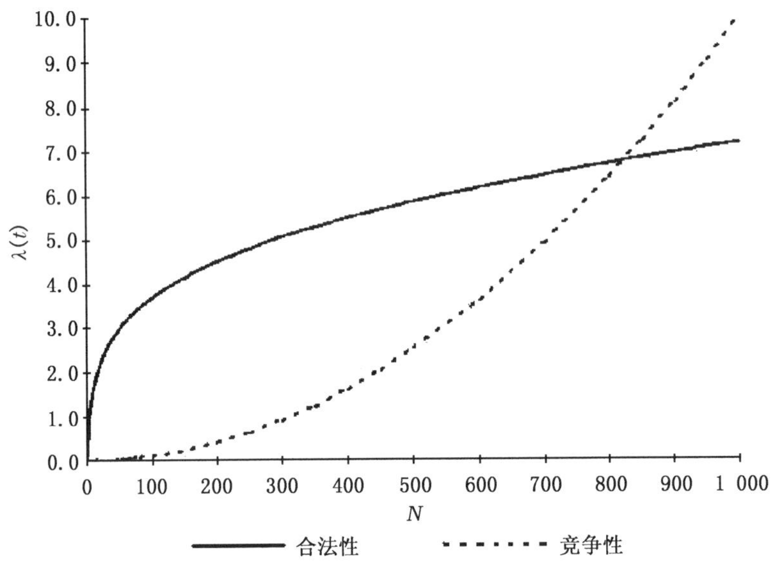

图 2—2　合法性和竞争性

的关系为：

$$\lambda(t)=\propto L/C \tag{2—1}$$

式中：$\lambda(t)$为组织成立率，L 为合法性程度，C 为竞争性程度，$\propto$是环境对两者关系的影响程度。

随着种群密度的增加，合法性的增长速度逐步下降，而竞争性的增长速度逐步上升，因此有(Hannan，1986)：

$$L=N^{\alpha_1} \quad 0<\alpha_1<1 \tag{2—2}$$

$$C=\exp[\alpha_2 N^2] \quad \alpha_2>0 \tag{2—3}$$

这里，N 为种群密度。将公式(2—2)、(2—3)代入公式(2—1)则有：

$$\lambda(t)=\propto N^{\alpha_1}\exp[-\alpha_2 N^2] \quad 0<\alpha_1<1;\alpha_2>0 \tag{2—4}$$

由于公式(2—4)难以运用极大似然估计将其转换，为了计算上的方便，Hannan 和 Freeman(1988)将公式(2—4)变换为：

$$\lambda(t)=\exp[\alpha_1 N+\alpha_2 N^2] \quad \alpha_1>0;\alpha_2<0;|\alpha_1|>|\alpha_2| \tag{2—5}$$

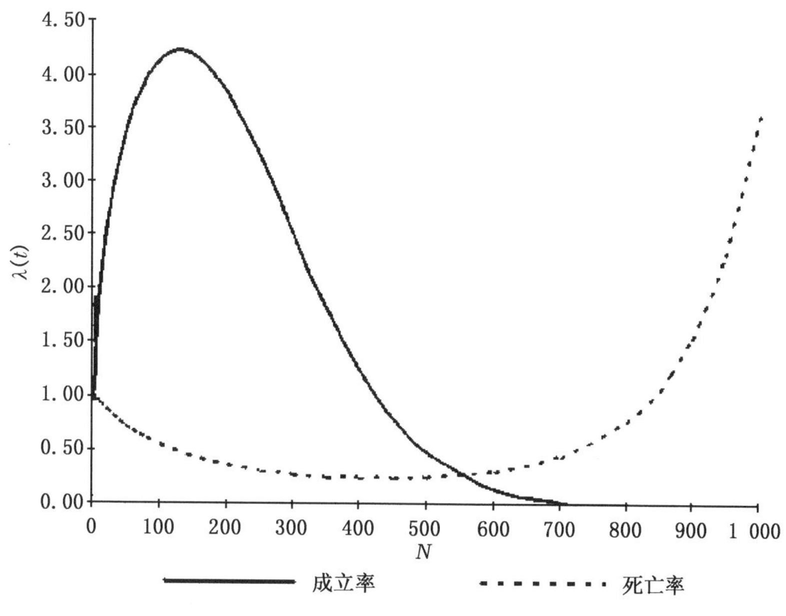

图 2—3　组织的成立率和死亡率

合法性和竞争性对死亡率的影响过程与组织成立率类似，即死亡率的公式为：

$$\mu(t) = \propto C/L \tag{2—6}$$

经过推导，死亡率与种群密度的关系为：

$$\mu(t) = \exp[b_1 N + b_2 N^2] \quad b_1 < 0; b_2 > 0; |b_1| > |b_2| \tag{2—7}$$

根据公式(2—5)和(2—7)，通过以上的分析可以看出，合法性会提高出生率、降低死亡率，在产业发展初期，产业的发展主要受到合法性作用的影响；而竞争性则会降低出生率、提高死亡率，在产业发展进入成熟期之后，产业主要受到竞争性作用的影响。受到这两种过程的共同影响，种群的成立率和死亡率分别呈倒 U 形和 U 形曲线分布(见图 2—3)。

密度依赖理论作为组织生态学中较为成熟的理论，已经在多个产业中得到了应用。酿酒产业(Carroll 等，1993)、汽车产业(Hannan 等，1998)、商业银行(Lomi，2000)、报纸产业(Dobrev，2001)、摩托车产业(Wezel，2005)、社会团体(Archibald,2008)等都验证了企业的密度依赖过程。国内学者顾佳峰和江若玫(2003)对高新技术开发区企业群、李文华和韩福荣(2004)对电冰箱行业、蔡宁和王发明(2006)对中关村高新技术产业的研究,也在中国背景下验证了密度依赖理论。

但也有学者对密度依赖的过程提出质疑。Zucker(1989)质疑用种群密度代替合法性的合理性。Delacroix 等(1989)对加利福尼亚红酒产业的研究、Yang 等(2010)对建筑产业的研究都未能对密度依赖的过程进行证明。密度依赖的提出者 Carroll 和 Hannan(1989)认为,产业未能验证密度依赖的过程是由于研究跨度太短,未能涵盖产业从合法性主导到竞争性主导的全过程。

此外,密度依赖理论还被应用到有关组织战略变革的研究中。在有关企业国际化的研究中,Chan 等(2006)也发现了密度依赖的现象。企业国际化的决策与市场中先前进驻企业密度和退出的企业密度具有倒 U 形关系。企业的国际化决策不是一个单纯的个体决策过程,而是受到种群中其他企业和种群密度的影响,是一个相互依赖、相互影响的过程。

(二)资源分割理论

1. 资源分割理论概念

19 世纪末期开始,伴随着产业发展和规模经济的不断提高及市场中激烈竞争的存在,通过不断扩张和兼并,在很多产业中都出现了一些大型的、占据产业主导地位的企业。这些企业的出现,大大提高了该产业的集中度,减少了产业内部的激烈竞争,提高了产业绩效。与此同时,伴随着这些大型企业的产生,产业中还出现了一批小型的专业化企业,这些企业以填补大型企业的空白业务领域作为自己的生存方式。这一现象在很多产业中都得到了证实,如美国的啤酒酿造业(Carroll 和 Swaminathan,1992)、荷兰的审计行业(Boone 等,2000)、美国的红酒制造业(Swaminathan,2001)等。

根据这一现象,Carroll 在 1985 年提出了资源分割理论(resource partitioning)。资源分割理论的核心概念主要包括三部分:资源分布;组织的多元化和专业化;在既定资源分布和多元化、专业化组织行为方式下多元化和专业化的演变。

(1)资源分布。资源分割理论认为,环境是由多个维度的资源所组成的多维空间,资源不均匀地分布于每一个维度上,每个维度都会出现一个资源分布的单峰。对所有相关维度的联合分布而言,也存在一个单峰,这个单峰被称为"市场中心"(见图2—4)。

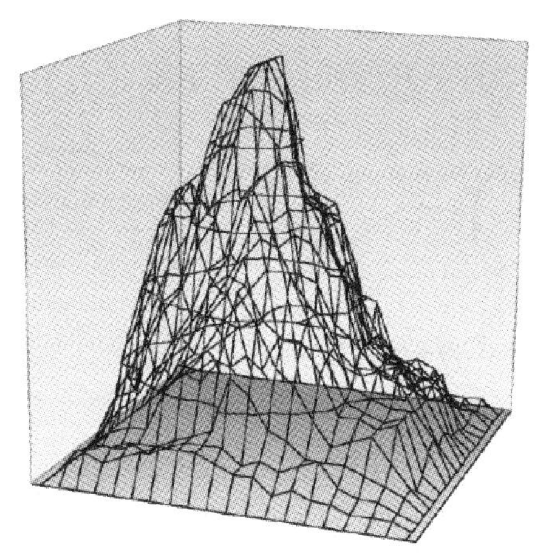

图2—4　资源的单峰不均匀分布

(2)组织的多元化和专业化。在资源分割理论中,企业根据占用资源的不同被分为多元化企业(generalists)和专业化企业(specialists)。多元化企业被认为拥有较多的市场资源,专业化企业则占用较少的市场资源。资源分割不仅意味着不同区域之间资源丰裕度的差异,也意味着不同区域内组织对资源利用方式和利用效率的差异。

(3)多元化和专业化企业的竞争。资源分割理论探讨在市场集中度提高条件下的三种竞争:多元化企业之间的竞争、专业化企业之间的竞争、多元化和专业化企业之间的竞争。

早期阶段,市场非常拥挤,大多数企业都在寻找市场资源最丰富的位置(见图2—5)。此时,大多数企业为多元化企业,竞争促使企业在有限范围内有差异地进行拓展，一些企业逐步向市场中心偏移，而另一些为避免竞争逐步向市场边缘偏移。由于规模竞争，最终只有少数多元化企业存活下来，并逐步集中于市场中心（见图 2—6）。市场中心拥挤度降低以及多元化企业向市场中心移动，增加了边缘区域的可利用资源，专业化企业得到发展。研究表明，随着集中度的提高，将加大多元化企业市场位置和专业化企业市场位置之间的距离，从而减少其竞争（Boone 等，2004）。因此，资源分割理论认为，伴随着产业集中度的提高，多元化企业的成立率将下降、死亡率将上升，而专业化企业的成立率将上升而死亡率将下降。

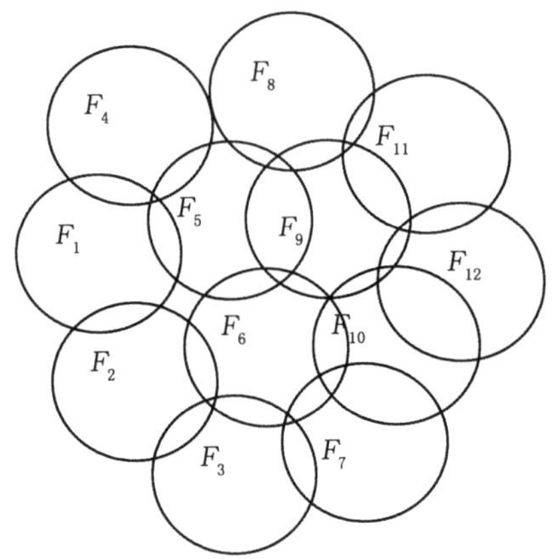

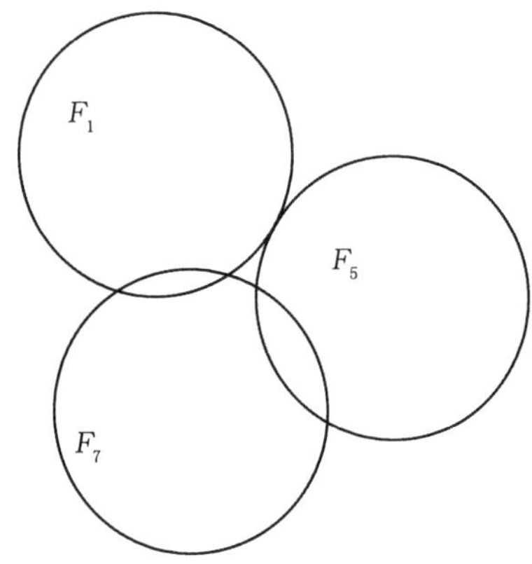

图 2—5　集中度低时企业的分布　　**图 2—6　集中度高时企业的分布**

2. 资源分割理论的应用

目前，资源分割理论已经在包括银行业（Freeman 和 Lomi，1994）、汽车产业（Dobrev 等，2002；Dobrev 等，2001）、报纸产业（Boone 等，2002；Dobrev，2000）、酿酒产业（Carroll 和 Swaminathan，1992；Carroll 和 Swaminathan，2000；Swaminathan，1998；Swaminathan，2001）、审计行业（Boone、Bröcheler 和 Carroll，2000；Boone 等，2009）等多个产业中的实证研究得到了支持。

Boone(2000)将资源分割过程分为四种类型：(1)地理分割。指资源在地理位置上的分割。其代表性行业为航空客服业,航空客服业由于客源分布的不均匀而造成资源分割。(2)技术分割。即由技术上的不同而造成的资源分割。一些专业组织由于其专门技术而在某一领域中成为权威,如啤酒酿造产业。(3)产品分割。指由于产品的不同而造成的资源分割,如报纸出版行业、图书以及音像制品行业。(4)顾客分割。指由于服务的顾客群体不同而造成的资源分割,如审计行业及银行业。

(三)年龄依赖理论

年龄依赖理论(age dependence)认为,组织的死亡与组织的年龄之间具有密不可分的关系,其中又包括新进入缺陷(liability of newness)、青春期缺陷(liability of adolescence)和衰老缺陷(liability of obsolescence or senescence)三种理论(杜运周和张玉利,2009)。

1. 新进入缺陷

新进入缺陷认为,产业中新成立的企业相较于存在时间较长的企业,具有更高的死亡率。Stinchcombe(1965)认为,新建立的组织由于要学习和适应新的社会角色,需要花费较多的精力在产业中建立其地位。同时还需要处理同外界的客户、消费者以及其他利益相关者的关系。新组织被迫与已经存在且良好的、熟悉运作规则的组织竞争。此外,新组织难以从已经建立的竞争者那里争夺业务。这些原因都使得新组织更容易死亡。同时,Hannan 和 Freeman 认为,在现代社会组织中,组织的惯性和可靠性会提升组织的生存机会;而组织内部的学习、合作、关系和组织外部的合法性、关系网络会随着组织年龄的增加而增大,这增强了组织的惯性和可靠性,从而降低了组织的死亡率(Hannan 和 Freeman,1977,1984)。

2. 青春期缺陷

Bruderl 和 Schussler (1990)对于新进入缺陷提出了挑战,认为青春期缺陷能够更准确地描述新企业死亡率高的现象。该理论认为,新企业死亡率受新企业资源禀赋的影响,有两种原因可使新企业初始死亡率几乎为零:一是新企业初始资源禀赋能够维持新企业最初的生存;二是理性的投资者最初并不会用绩效好坏衡量新企业是否应该关闭。但是初期以后，当绩效被作为衡量投资绩效的标准后，绩效差的新企业将被关闭，新企业死亡率将陡然上升至峰值，然后逐年递减。在新企业从零死亡到迈向死亡高峰的阶段，被称为青春期。因此，新企业死亡风险与组织年龄呈倒U形关系。类似的，也有学者提出新企业初始的资产存量能够缓冲环境选择的压力，在新组织高死亡率之前有一个蜜月期（Deeds 和 Rothaermel，2003）。

3. 衰老缺陷

Stinchcombe（1965）认为，组织最初的决策及行为将产生烙印。而如果组织的核心特征被这种早期烙印确定，形成结构惰性，环境变革将腐蚀组织与环境的初始匹配。并且企业随着年龄的增加，组织与环境的匹配将单调下降，从而提高组织死亡的风险，产生所谓的组织衰老缺陷。即组织的死亡率随年龄的增加而增加。

因此，有关企业的年龄依赖现象尚未得出一致的结论。根据新进入缺陷、青春期缺陷和衰老缺陷，总结有关组织死亡率与年龄的关系，如图2—7所示（杜运周和张玉利，2009）：

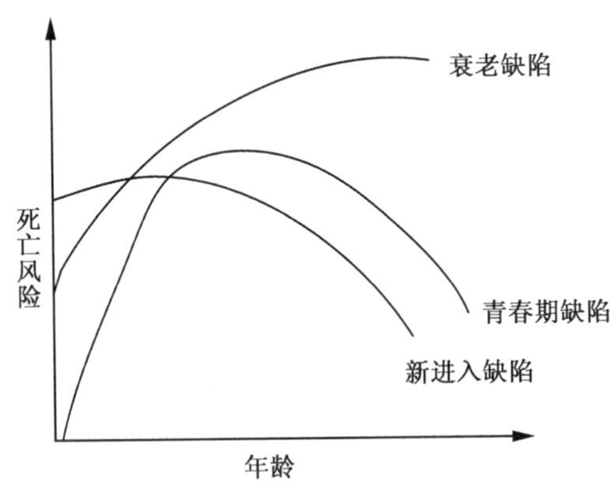

图2—7　组织年龄与死亡风险之间的关系（杜运周和张玉利，2009）

除了组织年龄以外，产业年龄也被认为会对组织的生存产生影响。Hannan 等（1998）对英国、法国、德国和美国的汽车行业进行了研究，发现组织年龄对组织生存状况的影响随着产业年龄的变化而改变。Agarwal 等(2002)也证明了这一观点,认为处于产业年龄较小即成长期的产业中,企业的新进入缺陷作用将被降低。

此外,组织年龄还被认为对企业的发展战略决策产生影响。Jones 和 Coviello(2005)指出,任何公司的发展决策都是建立在公司发展的特定时点的基础上的,即企业年龄与公司的发展历史和发展决策有着密不可分的关系。组织的学习能力与组织的年龄相关。学者认为,年龄可能阻止组织学习的热情和可能性(Autio 等,2000;Sapienza 等,2006);但 Johanson 和 Vahlne(2009)认为,企业年龄的增加,代表着企业资源的积累和能力的提升,这将促进组织学习能力的提高。在转型经济中,企业年龄的增大代表着公司制度体系中关系网络的建立,公司将有可能获得更多的制度和社会支持,这将有利于公司的国际化战略(Shinkle 和 Kriauciunas,2010)。

(四)结构惯性理论

为了适应不断变化的环境,企业需要改变,企业的变革也因此成为组织生态学研究的重要议题。目前,有关组织变革的研究大多集中于组织变革的内容方面(Baum 和 Shipilov,2006),但是 Hannan 和 Freeman(1984)提出的结构惯性理论(structural inertia theory)则提供了一个研究组织变革过程的模型。结构惯性理论与年龄依赖理论密切相关。结构惯性理论主要研究两方面的问题:组织变革的能力;组织变革的效果。

结构惯性指的是组织结构保持原有形态不变的一种状态。这种惯性是组织追求合法化与合理化的一种产物,使得组织内部的人、财、物、信息等一切都按部就班,具有抵抗外界环境不确定性的一种特征(刘海建等,2009)。结构惯性理论强调组织的核心特征,包括组织的目标、组织内部权力结构、核心技术以及市场战略。这些核心特征具有很强的惯性,改变这些核心特征,将改变组织的外部联系和内部惯例。Hannan 和 Freeman(1984)认为,组织的年龄和规模对组织变革能力具有影响作用。年龄较大的企业具有更稳定的内部关系、更标准化的日常程序、更制度化的管理方式、更丰富的网络资源和社会关系，因此结构惯性将随着组织年龄的增大而增强（Baum 和 Shipilov，2006）。随着组织规模的增大，组织将更强调规范化的流程和控制体系，增强组织的可预测性和刚性，但却降低了组织的灵活性，加大了组织的结构惯性。Amburgey 等（1993）认为，要理解组织的改变，还要了解组织改变的历史。他认为，从组织学习的角度考虑组织前期的变革将为组织后期的变革提供可以参考的路线和可以复制的动力。组织积累越多有关变革方面的经验，这个组织越有可能重复前期变革的过程。

有关组织变革效果的研究也是惯性依赖理论研究的焦点。Hannan 和 Freeman（1984）将新进入缺陷和核心能力的变革联系在一起，认为核心能力的改变是一个重新建立组织能力的过程，并且这个过程剥夺了组织前期的生存价值。Amburgey 等（1993）认为，组织核心能力的改变将为组织带来新进入缺陷。即使组织希望通过变革来适应环境的变化，但是核心能力的变革也会在短期内使组织面临死亡的风险（Poole，2004）。年龄大的企业的变革绩效表现为企业将面临较大的死亡风险，但是规模大的企业可以通过其规模效应来缓冲一部分改革带来的影响，从而使其渡过危险期（Baum 和 Shipilov，2006）。同时，Hannan 和 Freeman（1984）指出，变革给组织带来的负面影响将随时间而减小。

Stoeberl 等（1998）、Dobrev（1999）、Dobrev 等（2001）、Kim 等（2003）、Hannan 等（2006）和 Sorenson（2006）分别将结构惯性理论运用于红酒产业、汽车产业、报纸产业、机械制造产业、计算机产业中，分析组织变革的能力和变革的绩效，在这些产业中证明或部分证明了结构惯性的作用。

（五）规模依赖理论

规模依赖理论（size dependence）与年龄依赖理论类似，认为组织的规模同组织的死亡风险具有相关性。Ranger-Moore 等（1995）、Banaszak-Holl（1991）、Delacroix 和 Swaminathan（1991）、Baum 和 Mezias（1992）以及 Dobrev（1998）都证明了组织的规模对组织的死亡风险有反作用，认为规模较小的组织更容易死亡，即小规模缺陷（liability of smallness）。Aldrich 等

(1986)认为,因为小型组织在获得资金、劳动力和抵抗风险能力方面较差,而规模较大的组织具有更大的结构惯性,因此死亡风险较低(Aldirich 和 Auster,1986)。

此外,一些学者也对规模依赖理论提出质疑。Hannan 和 Freeman (1977)认为,中等规模的组织死亡风险更高。Han(1998)发现,日本银行的相对规模与组织死亡率之间呈倒 U 形分布。

三、组织生态学的主要研究内容

目前,组织生态学的研究内容主要涉及三个方面:组织的建立、组织的死亡和组织的转变。

(一)组织的建立

与目前组织生态学中有关组织死亡的研究相比,有关组织的建立(founding)的研究较少。Delacroix 和 Carroll(1983)认为这与有关组织建立的研究的特殊性有关。因为在组织建立之前无法获取有关企业的信息,所以在有关组织建立的研究中,需要把种群或者环境作为研究对象。另一个难点是确定组织成立的时间点。研究者通常将已经开始运作的、有投入和产出的一个组织作为研究的对象,而不是将准备阶段的组织作为研究对象(Delacroix、Swaminathan 和 Solt,1989)。与组织建立有关的理论通常包括密度依赖理论和资源分割理论(Singh 和 Lumsden,1990)。如前所述,密度依赖理论强调合法性、社会支持等因素对组织建立成功率的影响,认为种群密度与组织建立率之间存在着倒 U 形关系(Carroll、Preisendoerfer、Swaminathan 和 Wiedenmayer,1993)。资源分割理论认为,产业集中度的增大,会提高专业化企业的建立率(Mezias 和 Mezias,2000)。

(二)组织的死亡

在有关组织生态学的研究中,至少有六个不同的理论是与组织死亡(mortality)相关的,包括适应性理论、年龄依赖理论、密度依赖理论、种群动态理论、资源分割理论、规模依赖理论以及组织建立情况对组织死亡的影响。因此,组织生态学中对组织死亡的研究较多(Singh 和 Lumsden,1990)。密度依赖理论认为,组织死亡率与种群密度之间存在着 U 形关系(Carroll、Preisendoerfer、Swaminathan 和 Wiedenmayer,1993)。资源分割理论认为,随着种群集中度的提高,种群内企业的死亡率会上升,但是大型或泛化(generalist)企业的死亡率提高得较快,而小型或专业化企业的死亡率(specialist)提高得较慢,甚至会出现下降的现象(Swaminathan,2001)。如前所述,年龄依赖理论认为,年龄和死亡率之间仍存在分歧。其中,新进入缺陷理论认为,年龄较小的企业具有较高的死亡率;而青春期缺陷理论认为,企业的年龄和企业死亡率之间呈现倒 U 形趋势;衰老缺陷理论则认为企业年龄越大,死亡率越高。规模依赖理论认为,小型企业由于比较难以获得资金、劳动力等资源,比大型企业具有更高的死亡率(Hannan 等,1998)。

(三)组织的转变

有关组织转变的研究相对于组织建立和组织死亡的研究较少(Aldirich 和 Marsden,1988)。大多数研究者都认为,对种群层次改变影响较大的事件包括组织的死亡和组织的建立,而与这两者相比,组织的转变对种群所产生的影响较小,因此,这一方面的研究较少(Hannan 和 Freeman,1977;Hannan 和 Freeman,1984)。Hannan 和 Freeman 在其早先研究的基础上总结,认为一些组织的转变在组织中频繁地发生,有些时候这些转变甚至是一些激进的转变。但是自然选择的过程认为,拥有惰性特征的组织存活的几率比较高。随着组织年龄的增大,其惰性特征更加明显(Hannan 和 Freeman,1984)。此外,组织的战略转变,如企业进入国际市场,也可以视为组织转变中的一项重要内容。

综合组织生态学的研究层次、研究理论和研究内容,组织生态学的研究框架如图 2—8 所示:

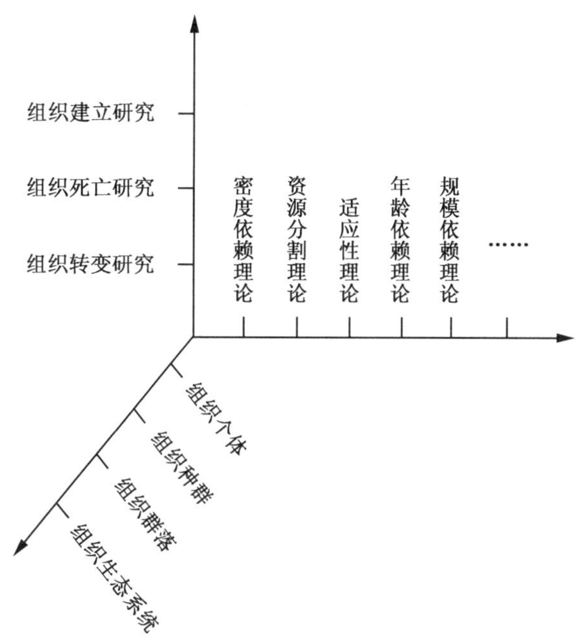

图 2—8　组织生态学研究框架

第三节　组织生态学的研究方法

与一般研究不同，组织生态学对组织建立、死亡、变革状态及其影响因素进行研究，将组织的建立、死亡、变革界定为关键事件（event），一般运用事件史分析的方法对其进行研究。其中比较常见的方法包括以下几种：

一、Cox 比例风险模型

Cox 比例风险模型是组织生态学中研究组织死亡、变革的最常用的方法。Cox 比例风险模型是一种半参数分析方法，它不仅可以分析带有删失数据的生存资料，还可以分析众多相关因素对生存期的影响，且不要求估计资料生存函数的分布类型，可以允许模型中引入随时间而变的协变量（杜本峰,2008)。

二、计数模型分析方法

计数模型分析方法是组织生态学中研究组织建立的常用方法。不同于组织死亡和变革的研究,组织建立研究中组织前期的属性未知,难以对其进行分析,因此只能选取比组织更大的对象即种群作为研究的对象,认为组织的建立概率符合泊松分布,通过计数模型的分析方法,对其进行建模(Hannan 和 Freeman,1989)。

三、面板数据分析方法

也有学者运用面板数据分析方法对组织生态学的问题进行研究。但这里的研究目标不再是绝对意义上的组织建立、死亡或变革,而是介于绝对状态之间的、更具有普遍意义的组织绩效的研究。Barnett (1994)运用面板数据中的固定效应模型对美国电话公司的绩效进行了研究。Boone(2004)运用此方法,对荷兰报纸产业中组织绩效的影响进行了研究,绩效指标主要采用组织规模或盈利能力来测度。

第四节　中国模式下组织生态学的应用

目前,组织生态学的主要研究成果集中于发达国家的部分产业中,比如美国的汽车产业、德国的酿酒产业等。这些产业在发达国家具有较长的发展历史(通常超过 50 年)和较为完备的数据资料。对于验证组织生态学的理论、研究这些产业的发展和演化历史具有重要的意义。然而,组织生态学很少被应用于发展中经济体的产业及企业的研究中。这其中的主要原因是数据的缺失和演化过程较短。中国真正意义上的现代企业始于 20 世纪 70 年代,企业的发展经历了改革开放以来 30 余年的高速发展期,取得了举世瞩目的成绩。然而,中国产业“浓缩”的发展历史是否符合组织生态学的理论假设，是否有其自身的发展特点，中国企业的生存和发展是否受到环境和与其他企业之间关系的影响，这些问题还没有答案。本研究通过将组织生态学应用于中国建筑企业和制造业企业的情境之下，试图对以上问题找寻答案。本研究主要内容包括以下几个方面：

一、借鉴密度依赖理论，研究产业密度对企业生存的影响

改革开放以后，中国企业数量迅速扩张，且这种扩张主要是由民营企业带动的。根据密度依赖理论，进入快速扩张的产业，其企业的死亡率将提高、建立率将降低。由于中国企业数量的扩张主要是由民营企业带动的，民营企业通常规模较小、生产率较低、技术装备率低。在这样的产业环境下，密度依赖理论是否能够得到验证？本研究将引入中国建筑企业的数据，研究企业数量的扩张对建筑企业的死亡率有怎样的影响。

二、借鉴密度依赖理论，研究产业密度对企业发展的影响

如前所述，密度依赖理论的应用范围不限于组织的建立和死亡，还包括组织的发展和战略变革。出口作为中国经济发展的“三驾马车”之一，对中国企业的发展具有重要作用。此外，来自新兴经济体的国际化战略已经受到了越来越多学者的关注。来自新兴经济体的国际化战略与传统的跨国企业以及传统的国际经济研究理论所得出的普适性结论有很大的差距。因此，本研究将着眼于中国企业的出口战略，研究密度依赖理论对企业发展的影响。

三、借鉴资源分割理论，研究产业结构对企业生存的影响

中国企业的集中度一直处于较低的水平。近年来，随着国有企业的改制、外资企业的进驻、民营经济的壮大和发展，产业结构发生了剧烈的变化。根据资源分割理论，随着产业集中度的提高，产业内的多元化企业死亡率将升高、成立率会降低，而专业化企业的死亡率将降低、成立率会升高。本研

究将选取建筑产业为研究对象，研究产业结构的变化对企业生存的影响。对于中国建筑企业来说，大型建筑企业和小型建筑企业的产品结构都相对单一，主要集中于房屋建筑上，企业之间竞争激烈。在此情况下，是否符合资源分割理论的假设，建筑产业集中度的提高对企业将会产生怎样的影响，是本书研究的主要问题之一。

四、借鉴年龄依赖理论，研究企业年龄对企业发展的影响

有关企业死亡的年龄依赖现象已经积累了大量的研究成果。然而，企业所有的经营和发展活动都是建立在企业年龄基础上的。企业年龄是企业所有资源中最无力改变，却又对企业产生深远影响的因素。本书将选取企业的国际化作为企业发展战略的代表，以制造业为研究对象，研究企业年龄对企业国际化战略的影响。

参考文献

[1]Agarwal，R.，Sarkar，M.B.，Echambadi，R.“The condition effect of time on firm survival：an industry ife cycle approach”.*Academy of Management Journal*，2002，45(5)：971—994.

[2]Aldirich，H.E.，Auster，E.R.“Even dwarfs started small：Liabilities of age and size and their strategic implications”.*Research in Organizational Behavior*，1986(8)：165—198.

[3]Aldirich，H.E.，Marsden，P.V.“Environments and organizations”.in *Handbook of Sociology*，ed.N.Smelser.Califo.Sage：Newbury Park，1988.

[4]Aldrich，H.E.，Jeffrey，P.“Environment of organizations”.*Annual Review of Sociology*，1976，2：79—105.

[5]Amburgey，T.，Rao，H.“Organizational ecology：past，present，and future directions”.*Academy of Management Journal*，1996，39(5)：1265—1286.

[6]Amburgey，T.L.，Kelly，D.，Barnett，W.P.“Resetting the clock：the dynamics of organizational change and failure”.*Administrative Science Quarterly*，1993，38：51—73.

[7]Archibald，M.E.“The impact of density dependence，sociopolitical legitimation and competitive intensity on self-help/mutual-aid formation”.*Organization Studies*，2008，29(1)：

79—101.

[8]Autio,E.,Sapienza,H.J.,Almeida,J.G."Effects of age at entry,knowledge intensity, and imitability on international growth".*Academy of Management Journal*,2000,43(3):909—924.

[9]Banaszak-Holl,J."Incorporating Organizational Growth into Models of Organizational Dynamics:Manhattan Banks,1791—1980.".Cornell University,1991.

[10]Barnett,W.P."The liability of collective action:growth and change among early American telephone companies",in *Evolutionary Dynamics of Organizations*,J.A.C.Baum and J.V.Singh,Editors.1994,Oxford University Press:New York.

[11]Barney,J.B.,Clark,D.N.*Resource-based theory:creating and sustaining competitive advantage*.Oxford:Oxford University Press,2007.

[12]Baum,J.A.C.,Mezias,J.S."Localized competition and organizational failure in the Manhattan hotel industry".*Administrative Science Quarterly*,1992,37(4):564—580.

[13]Baum,J.A.C.,Shipilov,A.V."Ecological approaches to organizations",in *Handbook of Organization Studies*,2nd edition,S.R.Clegg,et al.,Editors.2006,Sage:London.55—110.

[14]Baum,J.A.C.,Singh,J.V.*Evolution Dynamics of Organizations*.New York:Oxford University Press,1992.

[15]Boone,C.,Bröcheler,V.,Carroll,G.R."Custom service:Application and tests of resource-partitioning theory among Dutch auditing firms from 1896 to 1992".*Organization Studies*,2000,21(2):355—381.

[16]Boone,C.,Carroll,G.R.,Van Witteloostuijn,A."Resource distributions and market partitioning:Dutch daily newspaper,1968—1994".*American Sociological Review*,2002,67:408—431.

[17]Boone,C.,Carroll,G.R.,van Witteloostuijn,A."Size,differentiation and the performance of Dutch daily newspaper".*Industrial and Corporate Change*,2004,13(1):117—148.

[18]Boone,C.,Meuwissen,R.,van Witteloostuijn,A."Resource-partitioning processes in the audit industry".*Strategic Organization*,2009,7(3):307—338.

[19]Bruderl,J.,Schussler,R."Organizational mortality:The liabilities of newness and adolescence".*Administrative Science Quarterly*,1990,35(3):530—547.

[20]Carroll,G.,Hannan,M.T."On using institutional theory in studying organizational

populations".*American Sociological Review*,1989(54):524—541.

[21]Carroll, G. R., Barnett, W. P. "Organizational ecology: An introduction". *Industrial and Corporate Change*,2004,13(1):1.

[22]Carroll, G. R., Preisendoerfer, P., Swaminathan, A., Wiedenmayer, G. "Brewery and brauerei: the organizational ecology of brewing". *Organization Studies*, 1993, 14(2): 155—188.

[23]Carroll, G.R., Swaminathan, A. "The organizational ecology of strategic groups in the American beer brewing industry from 1975 to 1990". *Industrial and Corporate Change*,1992(1):165—197.

[24]Carroll, G. R., Swaminathan, A. "Why the microbrewery movement? Organizational dynamics of resource partitioning in the U.S. brewing industry". *American Journal of Sociology*,2000,10(3):715—762.

[25]Chan, C. M., Makino, S., Isobe, T. "Interdependent behavior in foreign direct investment: the multi-level effects of prior entry and prior exit on foreign market entry". *Journal of International Business Studies*,2006,37(5):642—665.

[26]Chandler, A. D. "Strategy and Structure". Chapters in the *History of American Industrial Enterprise*. Cambridge, MA: MIT Press, 1962.

[27]Davis, G. F., Marquis, C. "Perspects for organization theory in the early twenty-first century: institutional field and mechanisms". *Organization Science*,2005,16(4):332—343.

[28]Deeds, D. L., Rothaermel, F. T. "Honeymoons and liabilities: The relationship between age and performance in research and development alliances". *Journal of Product Innovation Management*,2003,20(6):468—484.

[29]Delacroix, J., Carroll, G. R. "Organizational Founding: An Ecological Study of the Newspaper Industries of Argentina and Ireland". *Administrative Science Quarterly*, 1983, 28(2):274—291.

[30]Delacroix, J., Swaminathan, A., Solt, M. E. "Density dependence versus population dynamics: An ecological study of failings in the California wine industry". *American Sociological Review*,1989,54(2):245—262.

[31]Dobrev, S. D. "The dynamics of the Bulgarian newspaper industry in a period of transition: organizational adaptation, structural inertia and political change". *Industrial and Cor-*

porate Change,1999,8(3):573—605.

[32]Dobrev,S.D."Decreasing concentration and reversibility of the resource partitioning process:Supply shortages and deregulation in the Bulgarian newspaper industry, 1987—1992".*Organization Studies*,2000,21(2):383—404.

[33]Dobrev,S.D."Revisiting organizational legitimation:cognitive diffusion and sociopolitical factors in the evolution of Bulgarian newspaper enterprises,1846—1992".*Organization Studies*,2001,22(3):419—444.

[34]Dobrev,S.D.,Kim,T.Y.,Carroll,G.R."The evolution of organizational niches:U.S. automobile manufacturers,1885—1981".*Administrative Science Quarterly*,2002,47(2):233—264.

[35]Dobrev,S.D.,Kim,T.Y.,Hannan,M.T."Dynamics of niche width and resource partitioning".*American Journal of Sociology*,2001,106(5):1299—1337.

[36]Dobrev,S.D.,Stanislav,D."Revising Organizational Legislation:Cognitive Diffusion and Sociopolitical Factors in the Evolution of Bulgarian Newspaper Enterprises,1846—1992". in 14th Colloquium of the European Group on Organizational Studies,1998.

[37]Freeman,J.,Lomi,A."Resource partitioning and founding of banking cooperative in Italy", in *Evolutionary Dynamics of Organizations*, J.A.C.Baum and J.V.Singh, Editors. 1994,Oxford University Press:New York.

[38]Granovertter,M."Economic action and social structure:the problem of embeddedness".*American Journal of Sociology*,1985,91(3):481—510.

[39]Hamel,G.,Prahalad,C.K.*Competing for the Future*.Boston,MA.:Harvard Business School Press,1994.

[40]Han,J."The evolution of the Japanese Banking Industry:An ecological analysis, 1873—1945".Stanford University,1998

[41]Hannan,M.T."Competitive and institutional processes in organizational ecology",in Technical Report 86—13.1986:Department of Sociology,Cornell University.

[42]Hannan,M.T.,Baron,J.N.,Hsu,G.,Koçak,O."Organizational identities and the hazard of change".*Industrial and Corporate Change*,2006,15(5):755—784.

[43]Hannan,M.T.,Carroll,G.R.,Dobrev,S.D.,Han,J."Organizational mortality in European and American automobile industries part I:Revisiting the effects of age and size".*Eu-*

ropean Sociological Review,1998,14(3):279—302.

[44]Hannan, M. T., Carroll, G. R., Dobrev, S. D., Han, J., Torres, J. C. "Organizational mortality in European and American automobile industries part II: Coupled clocks". *European Sociological Review*,1998,14(3):303—313.

[45]Hannan, M. T., Freeman, J. "The population ecology of organizations". *American Journal of Sociology*,1977,82(5):929—964.

[46]Hannan, M. T., Freeman, J. "Structural mertra and organizational change". *American Sociological Review*,1984(49):149—164.

[47]Hannan, M. T., Freeman, J. "The ecology of organizational mortality: American labor unions: 1936—1985". *American Journal of Sociology*,1988,94:25—52.

[48]Hannan, M. T., Freeman, J. *Organizational Ecology*. MA: Harvard University Press, 1989.

[49]Johanson, J., Vahlne, J.-E. "The Uppsala internationalization process model revisited: From liability of foreigness to liability of outsidership". *Journal of International Business Studies*,2009,40(9):1411—1431.

[50]Jones, M. V., Coviello, N. E. "Internationalisation: conceptualizing an entrepreneurial process of behaviour in time". *Journal of International Business Studies*,2005,36:284—303.

[51]Kim, T. Y., Dobrev, S. D., Solari, L. "Festina lente: learning and inertia among Italian automobile producers, 1896—1981". *Industrial and Corporate Change*,2003,12(6):1279—1301.

[52]Kostova, T., Zaheer, S. "Organizational legitimacy under conditions of complexity: the case of the multinational enterprise". *Academy of Management Review*,1999,24(1):64—81.

[53]Lomi, A. "Density dependence and spatial duality in organizational founding rates: Danish commercial banks, 1846—1989". *Organization Studies*,2000,21(2):433—461.

[54]Mezias, J. S., Mezias, S. "Resurce partitioning, the founding of specialist firms, and innovation: the American feature film industry, 1912—1929". *Organization Science*,2000,11(3):306—322.

[55]Poole, M. S. "Central issues in the study of change", in *Handbook of Organizational Change and Innovation*, M. S. Poole and A. H. Van de Ven, Editors. 2004, Oxford University

Press:New York.

[56]Porter,M.E.*Competitive Strategy:Techniques for Analyzing Industries and Competitors*.New York:Free Press,1980.

[57]Ranger-Moore,J.,Breckenridge,R.S.,Jones,D.L."Patterns of growth and size-localized competition in the New York State life insurance industry,1860—1985".*Social Forces*,1995,73(3):1027—1049.

[58]Sapienza,H.J.,Autio,E.,George,G.,Zahra,S.A."A capabilities perspective on the effects of early internationalization on firm survival and growth".*Academy of Management Review*,2006,31(4):914—933.

[59]Shinkle,G.A.,Kriauciunas,A.P."Institutions,size and age in transition economies:implications for export growth".*Journal of International Business Studies*,2010,41(2):267—286.

[60]Singh,J.V.,Lumsden,C.J."Theory and research in organizational ecology".*Ann.Rev.Social*,1990(16):161—195.

[61]Sorenson,O.,McEvily,S.,Ren,C.R.,Roy,R."Niche width revisited:organizational scope,behavior and performance".*Strategic Management Journal*,2006(27):915—936.

[62]Stinchcombe,A.L."Social structures and organizations",in *Handbook of Organizations*,J.G.March,Editor.1965,Rand McNally:Chicago.

[63]Stoeberl,P.A.,Parker,G.E.,Joo,S.J."Relationship between organizational change and failure in the wine industry:an event history analysis".*Journal of Management Studies*,1998,35(4):537—555.

[64]Swaminathan,A."Entry into new market segments in mature industries:Endogenous and exogenous segmentation in the U.S.brewing industry".*Strategic Management Journal*,1998,19(4):389—404.

[65]Swaminathan,A."Resource partitioning and the evolution of specialist organizations:The role of location and identity in the U.S.Wine industry".*Academy of Management Journal*,2001,44(6):1169—1185.

[66]Swaminathan,A.,Wiedenmayer,G."Does the pattern of density dependence in organizational mortality rates vary across levels of analysis? evidence from the German brewing industry".*Social Science Research*,1991,20(1):45—73.

[67]Wernerfelt,B."A resource-based view of the firm".*Strategic Management Journal*,

1984,5(2):171－180.

[68]Wezel,F.C."Location dependence and industry evolution:founding rates in the United Kingdom motorcycle industry,1895－1993".*Organization Studies*,2005,26(5):729－754.

[69]Whittington,R.*What is Strategy—and Does it Matter*.London:Thomson Learning,2001.

[70]Williamson,O.E.*Markets and hierarchies:Analysis and antitrust implications*.New York:Free Press,1975.

[71]Williamson,O.E."Strategic,economizing and economic organization".*Strategic Management Journal*,1991,12(75－94).

[72]Yang,H.,Chan,A.P.C.,Li,Q."Density dependence in the Chinese construction industry:focus on mortality of Jiangsu province (1989－2007)".*Engineering,Construction and Architectural Management*,2010,17(6):563－580.

[73]Zucker,L.G."Combining institutional theory and population ecology:no legitimacy,no history".*American Sociological Review*,1989,54(4):542－545.

[74]刘海建,周小虎,龙静.组织结构惯性、战略变革与企业绩效的关系:基于动态演化视角的实证研究[J].管理评论,2009,21(11):92－100.

[75]彭璧玉.组织生态学理论述评[J].经济学家,2006(5):111－117.

[76]戈峰.现代生态学[M].北京:科学出版社,2002.

[77]李文华,韩福荣.电冰箱行业种群演化规律与实证研究[J].技术经济与管理研究,2004(6):63－65.

[78]杜本峰.事件史分析及其应用[M].北京:经济科学出版社,2008.

[79]杜运周,张玉利.新企业死亡率的理论脉络综述与合法化成长研究展望[J].科学学与科学技术管理,2009(5):136－142.

[80]梁磊.中外组织生态学研究的比较分析[J].管理论坛,2004,16(3):51－57.

[81]梁磊,邢欣.论组织生态学研究对象的层次结构[J].科学学研究,2003,21(增刊):38－45.

[82]蔡宁,王发明.中关村高新技术产业组织死亡率分析——基于组织生态学的视角[J].统计研究,2006(4):39－44.

[83]顾佳峰,江若玫.竞争密度依赖与中国高新技术开发区企业群的发展[J].统计研究,2003(7):17－19.

第三章

中国企业的生存与发展现状

真正意义上的中国现代企业发展始于20世纪改革开放之后。自1978年开始，中国企业历经30多年的发展，取得了举世瞩目的成就。其中，中国企业经历了姓"资"还是姓"社"的争论、国有企业改制的艰辛、外资企业进驻的挑战、加入世贸组织的机遇等关键性事件。在这个过程中，中国企业如雨后春笋般，在数量和规模上都取得了长足的发展。同时，现代企业制度从无到有，市场从懵懂逐步发展成熟，企业家素质不断提升，企业不断发展壮大，从家电帝国海尔到地产标杆万科，从不断拓展海外市场的联想到新近打破美国证券IPO记录的阿里巴巴，中国企业已经成为引领中国经济迅速发展的重要引擎。然而，在这些耀眼的企业光环下，更多的是如流星般转瞬即逝的失败或破产企业，以及苦苦挣扎的中小民营企业和效率低下的国有企业。是什么原因使得一些企业能够良好地生存和发展，而另一些企业却频频受挫、步履维艰。本章试图通过对中国企业现状的描述和分析，寻找这一问题的答案。

受限于数据的收集，本章的分析主要基于中国工业企业的数据。通过对中国工业企业数据从企业创建到生存和发展现状梳理，对中国企业资源、战略和环境发展概况进行分析，发现中国企业的生存和发展具有如下特点：(1)企业在数量上增长较快，且小型企业、民营企业是其中的主要力量；

(2)中国企业普遍生存时间较短,存在新进入缺陷,其中外商投资企业的生存时间较长而民营企业的生存时间最短;(3)企业在营业收入、利润和效率方面都有较为明显的发展和进步;(4)企业的平均规模不断增大,资本金构成从国有为主向民营为主转变;(5)高学历、高技能劳动力所占比重较小;(6)企业倾向于选择出口作为企业发展的途径;(7)存在较为明显的区域发展不平衡现象;(8)产业集中度较低,出口和外资企业主要集中于传统行业。

第一节　中国企业生存与发展概况

一、企业的创建

根据《中国工业企业数据库》,统计了1998年以来的新建工业企业。由于该数据库仅覆盖国有及规模以上工业企业的数据,因此在统计方面存在一定的偏差,但仍从微观层面较为全面地反映了中国企业的创建和生存情况。从图3—1中可以看出,1998年以来,中国工业企业每年的新建数目保持在2 000家以上,2004年甚至超过14 000家企业。由于数据库仅统计了规模以上企业的数据,实际数字则远远超过这些值,表明了中国企业发展和扩张的速度。新建企业是中国经济欣欣向荣发展的风向标,是经济发展的原动力。因此,企业创建数目的不断提升表明中国经济活动日趋频繁,市场充满吸引力,整个社会发展充满活力。当然,从另一个侧面解读,也可以认为企业数量的不断增加将带来企业竞争的加剧。

2010年,长三角地区规模以上制造业企业数量为143 291家,总产值达到16.38万亿元,分别占到当年全国规模以上工业企业总数的34%和总产值的27%。长三角制造业在中国具有重要的代表作用。通过对其2007年新建企业数目的统计可以看出,长三角地区新建企业已经从传统制造业向先进制造业转移。从图3—2中可以看出,传统制造业中仅纺织业、纺织服装、塑料制品业和非金属矿物制品业仍然保持了较高的企业进入水平。而

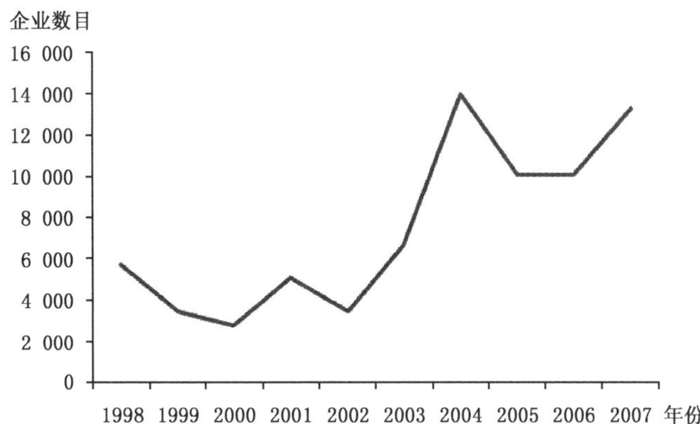

资料来源:《中国工业企业数据库》。

图 3—1　1998 年以来新建规模以上企业数目

先进制造业中金属制品业、通用设备制造业、专用设备制造业、交通运输设备、电器机械及器材业、电子设备制造业、仪器制造业等都保持了较高的企业进入水平，表明了先进制造业强大的市场吸引力和企业发展活力，也表明中国制造业正处于从传统制造业向先进制造业转型的重要阶段。

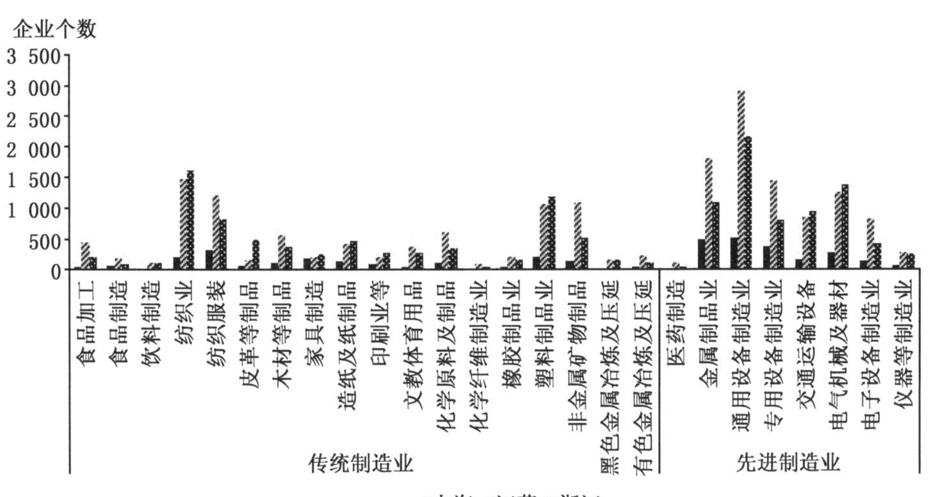

资料来源:《中国工业企业数据库》。

图 3—2　新建企业归属行业

混合所有制是中国模式下最重要的发展特点之一，理解中国模式下企业的生存和发展不能不提中国的混合所有制经济。从图3—3、图3—4和图3—5中可以看出，自1998年以来，在混合所有制经济的背景下，各投资主体呈现出不同的发展趋势。其中，从图3—3中可以看出，国有企业或以国有投资为主的企业所占比例逐年下降。1998年，国有投资占比100%的企业所占比例仍然高于其他所有制企业；然而到了2007年，这一比例已经下降到非常低的水平。与此同时，民营投资企业、外商投资企业在所有企业中所占比例稳步增长，尤其是民营企业。

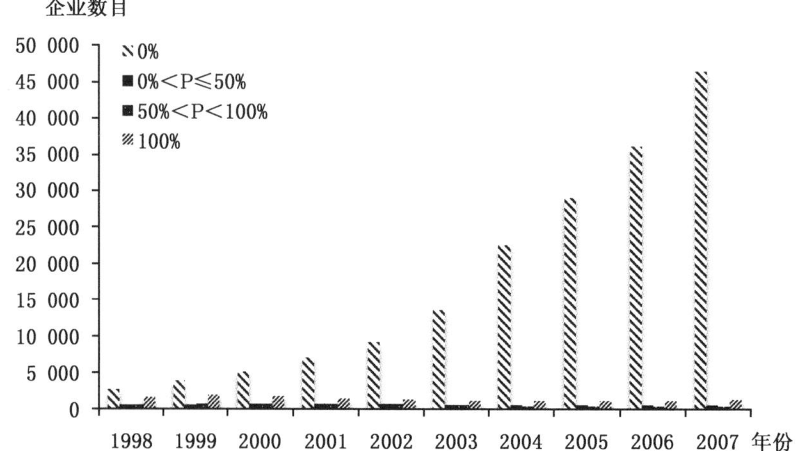

注：P表示资本金在实收资本中所占比例。

资料来源：《中国工业企业数据库》。

图3—3 企业所有制(国有投资所占比例)

民营投资占比达到100%的企业在所有企业中所占比例从1998年的38%激增至2007年的72%。民营企业和外资企业已逐步替代国有企业和集体企业，成为中国工业发展的中坚力量(见图3—4)。

从图3—3中不难推断，国有企业数目呈现出逐年减少的趋势。2007年，国有投资占100%的企业所占比例已不足10%，这在一定程度上支持了

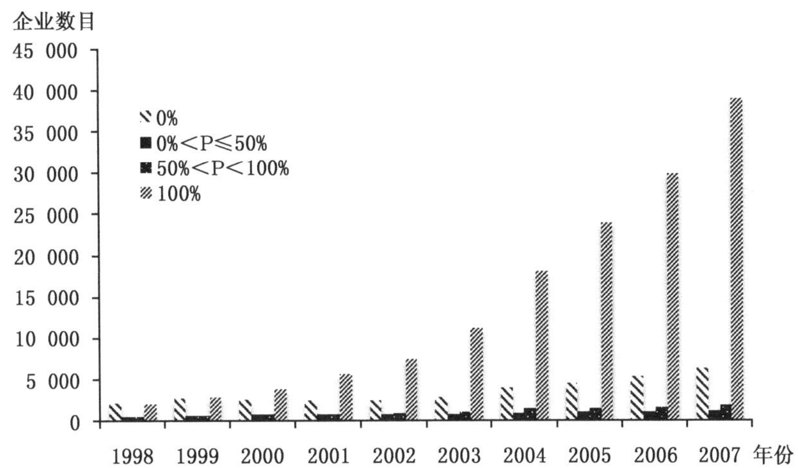

资料来源:《中国工业企业数据库》。

图3—4　企业所有制(民营投资所占比例)

“国退民进”的观点。然而事实上,通过一系列国有资产的整合和重组,国有企业在中国经济发展中扮演着越来越重要的角色。当然,也有学者指出,国有企业的发展优势主要来源于体制的不完善和政策的支持(Hoskisson等,2000;Makhjia,2003)。国有企业面临着结构冗余、企业灵活性较差的问题(Ralston等,2006)。国有企业的管理者优先考虑的不是企业的盈利问题,而是其政绩或考核,这在很大程度上影响了国有企业的经营效率以及战略定位(Liu,2001)。同时,国有企业效率低下,严重影响了其自身的发展,并且由于软预算约束的存在,国有经济的存量甚至拖累了经济发展和其他非国有企业的发展(刘瑞明和石磊,2010)。

在改革开放之前,国有企业不存在破产和倒闭的现象。然而随着市场化经济的发展、企业所有制结构的变化,国有企业从生存环境到内部结构都面临着重大的冲击。因此,国有企业的生存与发展不同于其他企业的生存与发展,将呈现出自身的发展特色。

受到中国不完善市场经济的影响,中国的民营企业在发展过程中遇到了许多困难。民营企业通常被认为是劣质资产，受到社会和政策的歧视（Huang 和 Chi，2014）。它们常常面临着融资困难、人才匮乏、技术层次低等发展障碍和瓶颈。同国有企业竞争者相比，民营企业通常缺少政策的支持；而在同外资竞争者相比时，民营企业又缺少资金和技术方面的优势。虽然民营企业的数量最多，但在与国有企业和外资企业的竞争中，民营企业处于明显的竞争劣势地位。然而，民营企业代表了中国经济最具活力的一部分，民营企业的发展直接关系到中国经济未来的发展方向。在中国特殊的体制环境下，民营企业的生存和发展问题更值得关注。

从图 3－5 中可以看出，虽然与民营企业的增长速度仍存在差异。然而，外资企业的数量也呈现出比较明显的增长态势。外资企业是中国经济发展的重要的、不可或缺的一部分。在改革开放初期，外资企业为中国企业提供了资金和技术上的支持。通过外资企业的技术扩散效应，中国企业不出国门就能了解世界先进技术，并通过产业链的合作拓展自己在国际市场的声誉。但从另一方面来看，外资企业拥有较为先进的技术和管理经验。Dunning（1980）指出，企业若想进行跨国经营活动，一定要先在某些领域具备特殊的优势。这些特殊优势为跨国企业在对外投资中获取垄断地位提供了可能，从而对东道国企业的发展产生影响。近年来，随着外资企业进驻中国市场时间的增长，外资企业本土化趋势越来越明显，技术溢出效应也逐步加强，其垄断优势逐步丧失，且受到中国人力资本、经营成本等不断上升的影响，外资企业在中国的发展也面临着一定的考验。

二、企业的生存

如前所述，中国真正意义上的现代企业制度始于 20 世纪 70 年代末期计划经济向市场经济转型之后。在计划经济时期，政府是资源配置的主体；而在市场经济时代，企业成为资源配置的主体。在计划经济时期，企业不存在破产或退出的概念；而在市场经济作用的影响下，企业在优胜劣汰的机制下不断地进步和发展。企业通过寻求创新、降低成本、提高效率来获得生

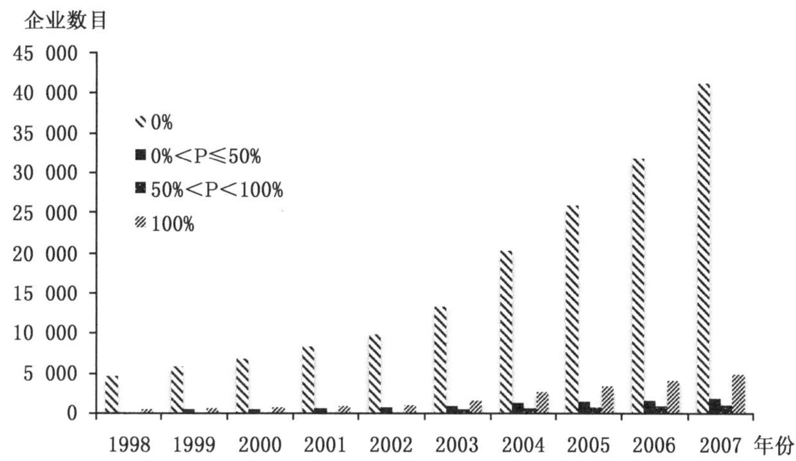

资料来源:《中国工业企业数据库》。

图 3—5 企业所有制(外商投资所占比例)

存。从图 3—6 中可以看出,中国工业企业的生存时间较短。根据每年的国有及规模以上企业的统计,近 25%的企业在第一年即死亡。表明中国企业存在新进入缺陷,即新建企业适应环境的能力较差,死亡率较高。

从图 3—7 中可以看出,企业的生存时间随着企业规模的增大呈现出递增趋势。从业人数在 100 人以下的企业的累计生存率最低,其在第一年的死亡率接近 40%;从业人数在 100～300 人之间的企业在第一年的死亡率接近 30%;而从业人数在 500 人以上的企业第一年的死亡率小于 25%。曹裕等(2009)指出,中小企业生存问题是产业组织研究的重要内容,中小企业死亡率高也是世界范围的共同现象。研究显示,在美国中小企业中,存活 5 年以内的企业占全部企业的 68%,19%的中小企业可以生存 6～10 年,而只有 13%的中小企业寿命超过 10 年;在欧洲,只有 65%的中小企业能存活 3 年以上,而存活 5 年以上的中小企业只有 50%。而在中国,从图 3—7 中可以看出,从业人数在 100 人以下的企业,只有 25%的企业存活时间超过 3 年。

中国存在较为严重的区域发展不平衡现象,沿海区域企业普遍表现出较为明显的地域性竞争优势。为了研究这种地域差异是否会对企业的生存

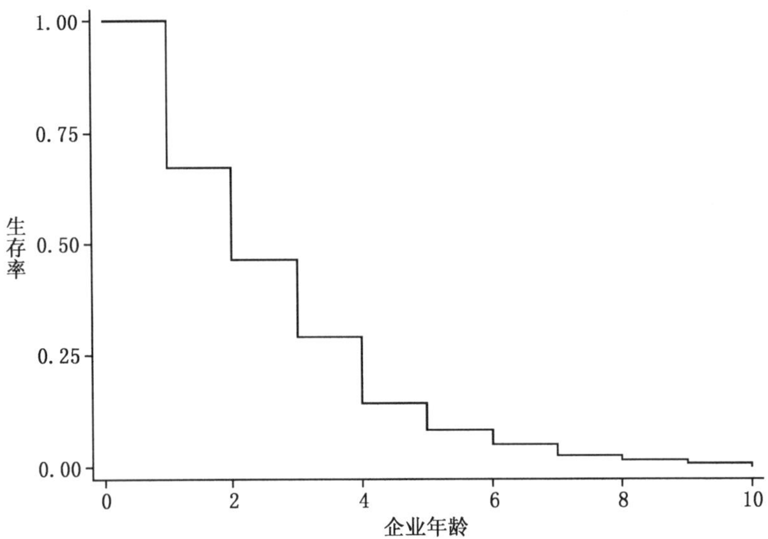

资料来源:《中国工业企业数据库》。

图 3—6　企业生存时间

造成影响,本研究将企业根据其归属地,分为沿海地区企业和非沿海地区企业。其中沿海地区企业指来自北京、天津、河北、辽宁、上海、江苏、浙江、福建、山东、广东、广西和海南省区市的企业。从图 3—8 中可以看出,不同地区的企业在生存时间上并没有呈现出太大的地域差异,表明地区优势并未成为影响企业生存的重要因素。

蔡宁和王发明(2006)指出,在高新技术产业中,由于新企业在技术或客户关系的维护上需要投入更多的时间和努力,所以不容易与现存的组织竞争,也不容易维持组织绩效的稳定,所有组织在幼年期死亡的几率较高。但同时,高新技术中小企业又具有应变能力快、活力强、韧性高的特性。此种特性有利于降低组织与环境之间的适配缺口,进而减少组织的死亡率。究竟产业背景是否会对企业的生存造成影响?根据对高新技术产业的定义,本研究将医药制造业、金属制品业、通用设备制造业、专用设备制造业、交通运输设备业、电气机械及器材业、电子设备制造业和仪器制造业定义为高新

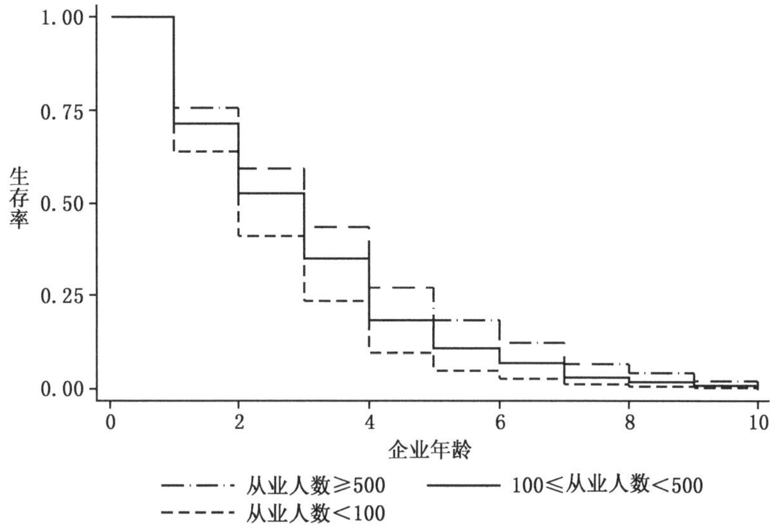

资料来源:《中国工业企业数据库》。

图 3—7　不同规模企业生存时间

技术产业。从图 3—9 中可以看出,中国制造业中高新技术产业和非高新技术产业在生存时间上并没有呈现出显著的差异。高新技术企业在企业累计生存率上略高于非高新技术企业,表明企业的高新技术为企业在激烈的竞争中提供了一定的行业进入壁垒和生存保障。

从图 3—10 中可以看出,在国有企业、外资企业和民营企业三类所有制类型的企业中,外资企业的累计生存率最高。国有企业在成立四年之内,企业的生存率略高于民营企业,但没有呈现出显著的差异。然而成立四年之后的国有企业累计生存率明显高于民营企业,但仍与外资企业存在一定的差距。

陈勇兵和蒋灵多(2012)指出,外资参与可以有效地缓解企业的融资约束。第一,FDI 通过降低信贷供需双方的信息不对称,把资金导向那些资质良好的私人企业,在一定程度上向金融部门传递了正面的信号,减少了金融机构与企业信息不对称的问题,使得外资参与的企业更容易获得银行的贷

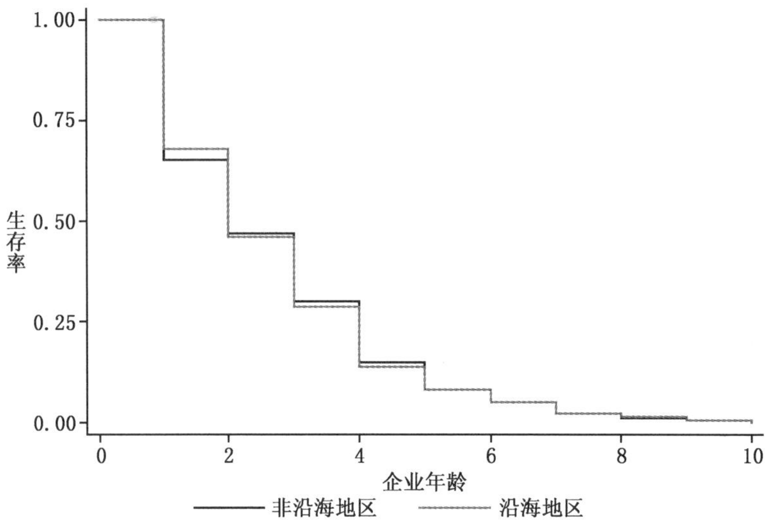

资料来源:《中国工业企业数据库》。

图 3—8　不同地区企业生存时间

款,从而缓解了企业的融资约束。第二,外资参与企业可以同时进入国内和国际金融市场,这样可以丰富它们的融资渠道以及转移相关的融资风险。最后,外资参与企业可以通过母公司获得信贷来规避融资约束。这些都缓解了企业的融资约束,降低了企业在激烈市场竞争中的生存风险。此外,外资企业在技术和管理方面的先进经验也在一定程度上降低了企业的生存风险(Chang 和 Xu,2008;Douma 等,2006;Zhou 和 Van Witteloostuijn,2010)。

而对于国有企业,一方面被认为在市场竞争中既是裁判员又是运动员的特殊身份赋予其先天的竞争优势(Ralston, Terpstra-Tong, Terpstra, Wang 和 Egri,2006);另一方面,也有学者认为,国有经济过多的规章制度和冗余的管理结构导致其效率低下,一些学者甚至认为国有企业的低效率拖累了整个经济的发展。在国有经济退出的研究中,早期的研究一般认为,国有经济比重对企业退出具有显著的阻碍作用。因为国有经济有一种政策性壁垒的作用,出于稳定地方和国家经济的考量,国有经济退出率相对较低

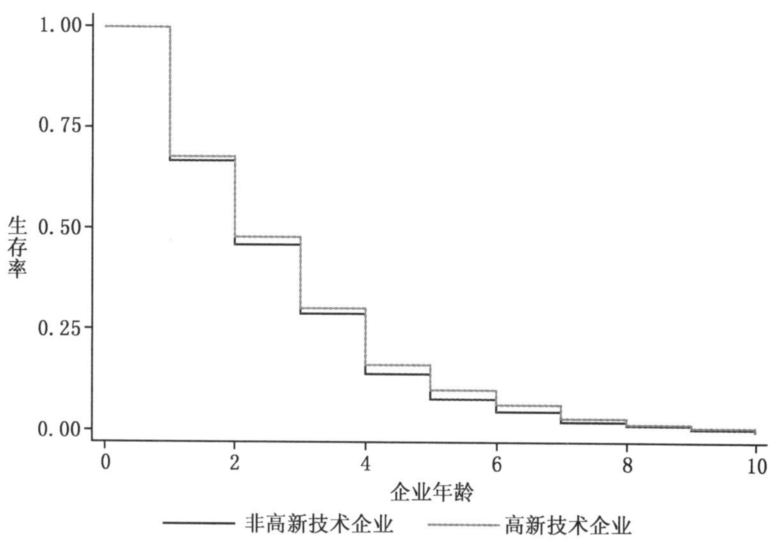

资料来源:《中国工业企业数据库》。

图 3—9　不同产业企业生存时间

(杨惠馨,2004)。然而,杨天宇和张蕾(2009)的研究发现,国有经济的比重对企业的退出有着显著的正向促进作用,说明在市场经济的作用下,竞争机制的引入影响了国有企业的生存现状,改变了其退出机制和市场竞争机制。在本研究中发现,国有经济在成立四年之内没有表现出较强的生存能力,推断受到国有企业经营效率较低、管理落后、政府导向等劣势影响,新成立的国有企业竞争能力较弱,生存现状严峻;但在企业成立一段时间之后,其与政府之间的关系将得到显著的加强,受到政府支持作用日益增强,优势逐步显现,所以其生存率表现出显著提升的趋势(Shinkle 和 Kriauciunas,2010)。

从图 3—10 中可以看出,民营企业的生存率是三种所有制中最低的,这也与我们的预期和经验相符。受到规模、资金、技术等条件的限制,民营企业抵御风险的能力较差,生存时间较短,是经济发展中最不稳定但却最充满活力的元素。

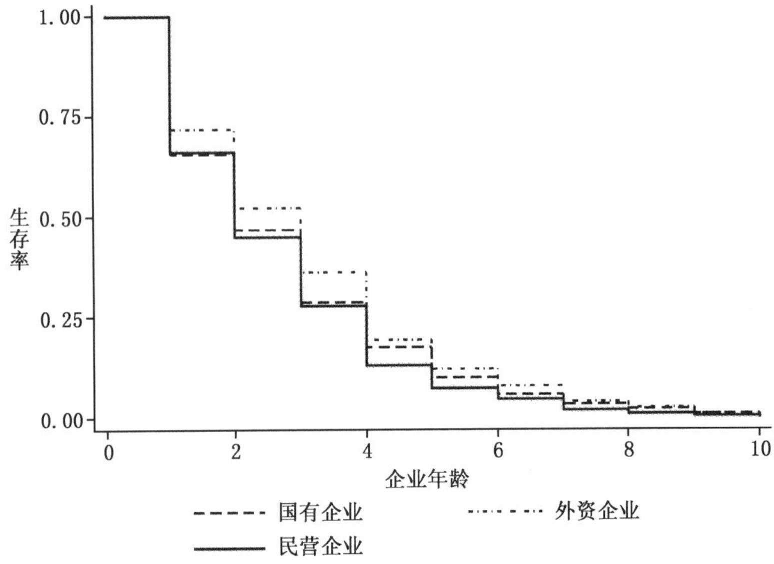

资料来源:《中国工业企业数据库》。

图 3—10　不同所有制企业生存时间

三、企业的发展

主营业务收入是反映企业经营现状的重要指标,主营业务收入的增长暗示着企业良好的发展趋势。本研究通过用中国工业企业当年所有企业的主营业务收入除以当年的企业总数得到平均主营业务收入,得以大致反映中国工业企业的发展现状。从图 3—11 中可以看出,中国工业企业的平均主营业务收入呈现出显著的上升趋势,说明其具有较好的市场表现和较强的增长能力。但从图 3—12 中可以看出,平均主营业务收入的增长主要是由国有及国有控股工业企业的主营业务收入增长带来的。民营工业企业、外商投资和港澳台投资工业企业的主营业务收入虽然也表现出不同程度的增长,但是与国有企业相比,存在较大的差距。表明国有企业通过改制重组、剥离劣质资产、优化优质资产,其生存和发展能力已经得到了显著的提升。

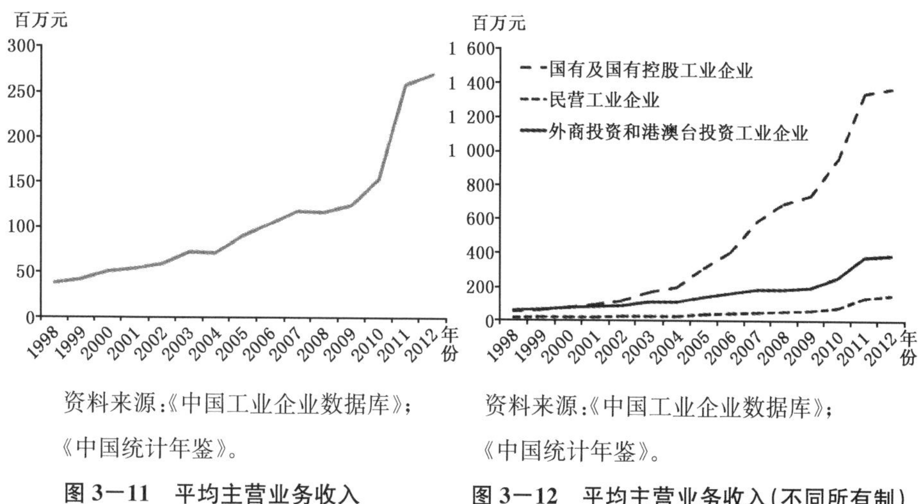

资料来源:《中国工业企业数据库》;《中国统计年鉴》。

图 3—11　平均主营业务收入

资料来源:《中国工业企业数据库》;《中国统计年鉴》。

图 3—12　平均主营业务收入(不同所有制)

企业的利润是企业盈利能力的表现,是企业生存的先决条件,也是企业谋求发展的重要保障。从图 3—13 中可以看出,除了在 2008 年、2009 年金融危机时有一定程度的下跌以外,中国企业的平均利润率自 1998 年以来基本呈现出连年增长的态势。而从图 3—14 中可以看出,企业利润的增长主要是由国有企业利润的增长贡献的。这一方面表明,国有企业改制后,其生存能力和发展水平都得到了显著的提升,但另一方面也带来对国有企业高利润的担忧。这种高利润表象的背后可能是行业垄断和市场不完全竞争造成的。

企业的人均产值在一定程度上反映了企业的经营效率。从图 3—15 中可以看出,中国工业企业的人均产值自 1998 年以来保持了持续增长的趋势,表明中国企业经营效率不断提高。而从图 3—16 中可以发现,三种所有制结构的企业在效率上都有显著的提升。其中,国有企业的效率提升最快,从 1998 年的不到 2 000 元/人发展到 2011 年超过 12 000 元/人。民营工业企业的效率也有较为明显的提升,从图 3—16 中可以发现,在 2011 年,其人均产值已经接近外商投资企业。

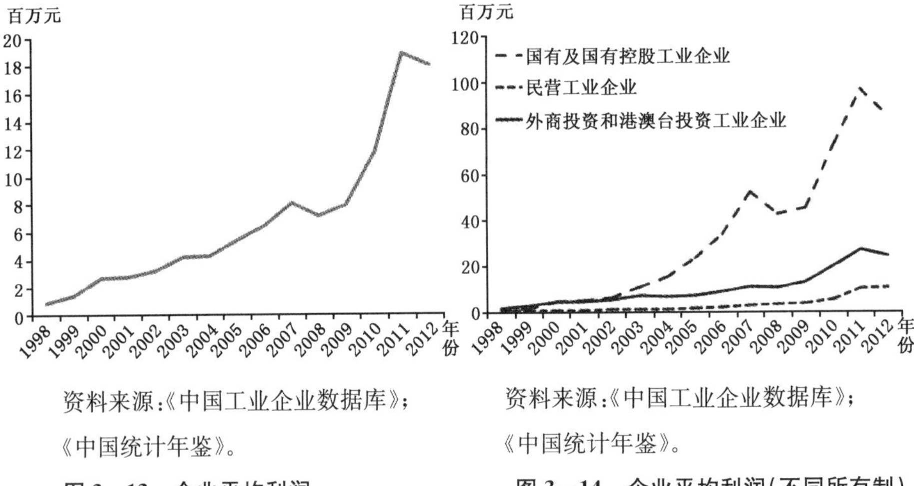

资料来源:《中国工业企业数据库》;《中国统计年鉴》。

图 3—13 企业平均利润

资料来源:《中国工业企业数据库》;《中国统计年鉴》。

图 3—14 企业平均利润(不同所有制)

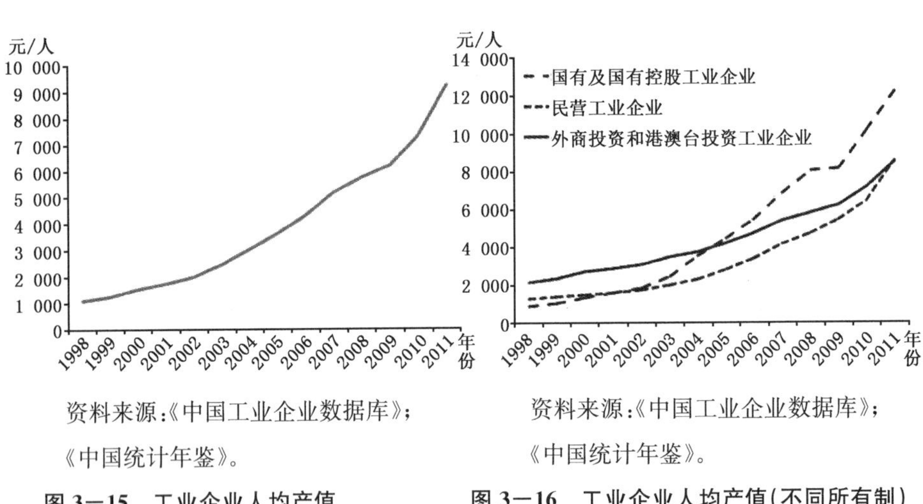

资料来源:《中国工业企业数据库》;《中国统计年鉴》。

图 3—15 工业企业人均产值

资料来源:《中国工业企业数据库》;《中国统计年鉴》。

图 3—16 工业企业人均产值(不同所有制)

第二节　企业的资源与战略

一、企业的资源

企业规模一般被认为是企业资源和能力的最直接表现形式，规模较大的企业一般被认为拥有更多的资源、更多的员工、更充足的资金、更好的技术和更高的管理水平。这些都将直接影响企业的生存和发展选择。在企业的生存方面，组织生态学中的规模依赖理论认为，大企业由于规模经济作用，可以获取更低的边际成本。此外，大企业对供货商和分销商具有更大的影响力。而小企业在获得资金支持、劳动力和抵御风险方面的能力都弱于大企业，因此具有较高的死亡风险(Carroll 和 Hannan，2000)。但同时，在企业发展方面，随着组织规模的增大，组织将更强调规范化的流程和控制体系，以增强组织的可预测性和刚性，这将在一定程度上降低组织的灵活性，加大了组织的结构惯性，影响组织变革的能力以及应对环境变化的能力。

从图 3—17 中可以发现，目前，规模以上工业企业中大部分企业为从业人数在 500 人以下的中小企业。这也符合企业创建和发展的一般规律。中小企业充满发展的活力，在中国，中小企业是中国经济发展重要的有生力量，同时也是地方经济重要的推动力。可以说，中小企业的发展影响着中国经济的发展。然而，中小企业长期以来面对着技术装备低、人才匮乏、融资困难等一系列问题。因此，中小企业面临的生存压力远大于其他企业。如何解决中小企业的生存与发展问题，将是中国企业和中国经济发展所面临的重大问题。

从图 3—18 中可以看出，根据企业资产定义的中国企业平均规模呈现出不断上升的趋势，这种趋势在 2008 年金融危机之后表现得更加明显。而从图 3—19 中可以进一步发现，中国企业平均规模的增大主要是由国有企业的企业规模增大造成的。至 2012 年，国有企业的平均规模已经超过 18 亿元人民币，而同期外商投资企业的平均规模只有 3 亿元，民营企业的平均

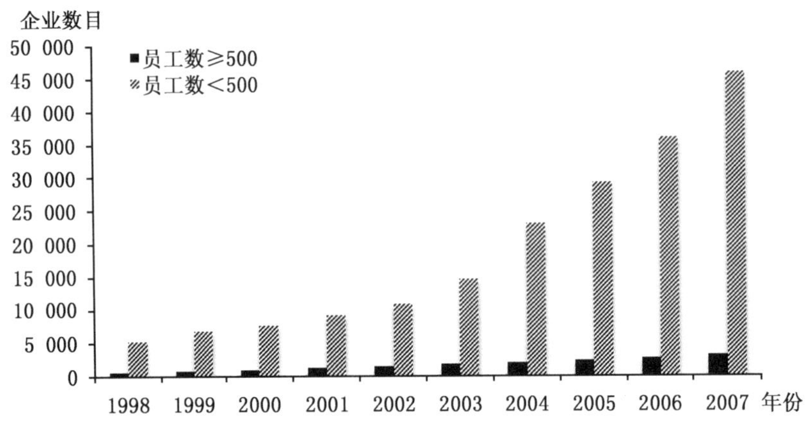

资料来源:《中国工业企业数据库》。

图 3—17　企业员工数

规模更是只有 0.8 亿元。根据财政部 2013 年公布的报告显示,2013 年,中国国有企业资产总额 104.1 万亿元,同比增长 16.3%,而在 2000 年,这一数字仅为 17.3 万亿元,国有企业扩张速度激增,国有经济规模不断增加,国有企业在经济社会中的主导地位越发凸显。但同时,国有企业规模的过快增长也导致了对"国进民退"和国有企业行业垄断的担忧。

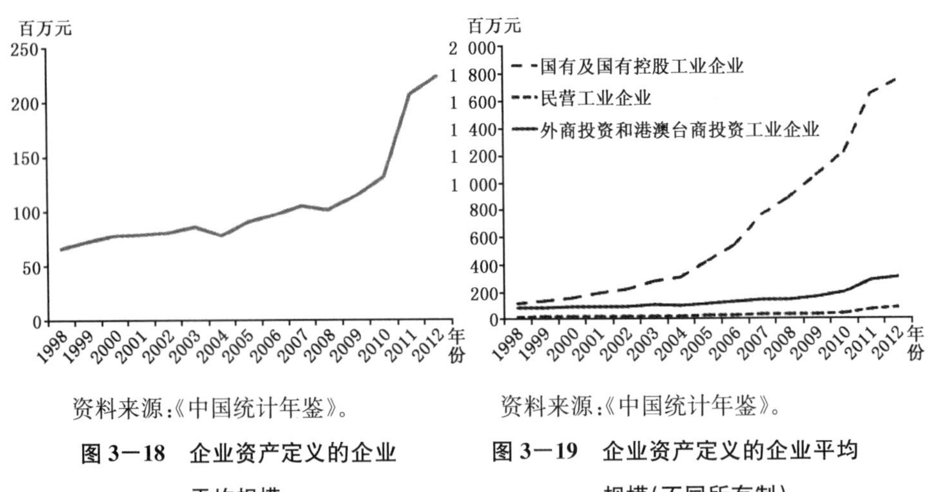

资料来源:《中国统计年鉴》。

图 3—18　企业资产定义的企业平均规模

资料来源:《中国统计年鉴》。

图 3—19　企业资产定义的企业平均规模(不同所有制)

同时,从图 3—20 中也可以看出,国有企业在平均从业人数方面的规模也远超过外资企业和民营企业,并且这一趋势还有持续增长的态势。

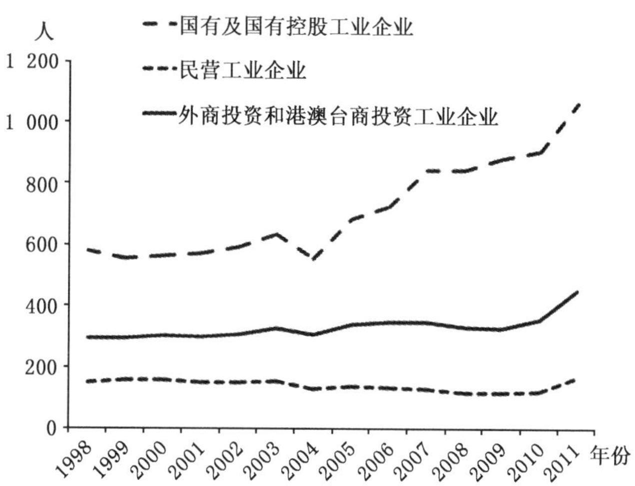

资料来源:《中国统计年鉴》。

图 3—20　从业人数定义的企业平均规模(不同所有制)

从工业企业的资本金构成方面可以明显地发现,中国企业的资本构成已从过去的国有和集体资本为主,发展至当前的法人和个人资本金为主,表明随着国有企业改革的不断深入、混合所有制经济不断发展完善,中国企业的资本结构发生了重大的变化,从而引起了企业治理结构的改变。一般认为,国家和集体资本的退出会提升企业的效率,因为此类资本通常伴随着低效率的管理结构以及非经济利益的考量(见图 3—21、图 3—22)。

人力资本作为一种重要的生产要素,不仅能够促进经济总量的增长,推动经济结构的优化和产业升级,在提升企业竞争力方面也具有重要的作用。刘迎秋(1997)指出,中国的人力资本结构是一种"小托大式"的结构:高智能、高技术劳动力所占比重极小,图 3—23 即印证了这一论点。从图 3—23 中可以看出,在目前规模以上及国有的制造业企业中,初中以下学历的员工占到了总员工数的 50%以上,而本科和研究生以上学历的员工数不足 5%。这将在

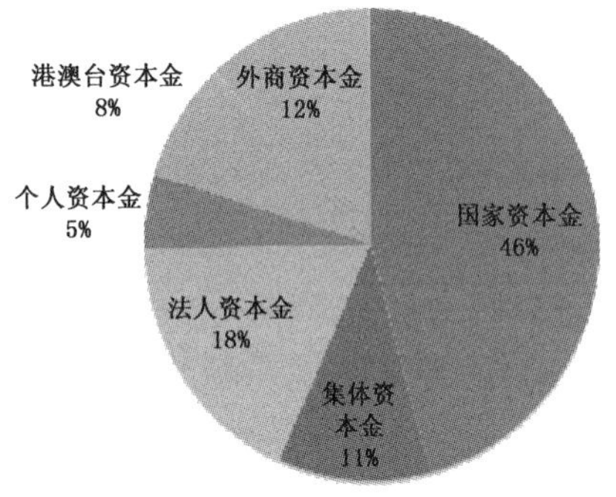

资料来源:《中国工业企业数据库》。

图 3—21　企业资本金构成(1998 年)

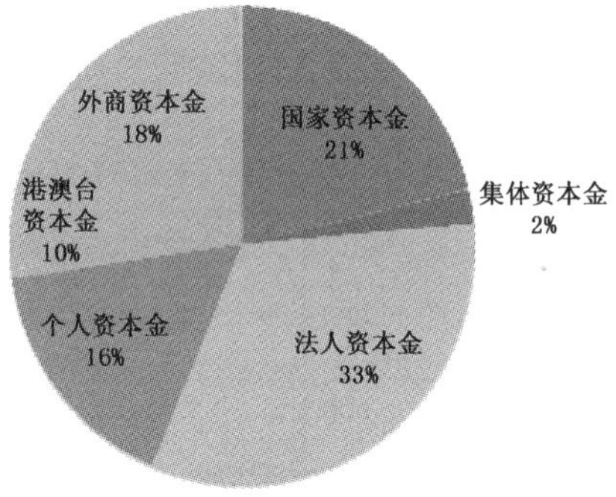

资料来源:《中国工业企业数据库》。

图 3—22　企业资本金构成(2007 年)

一定程度上影响企业的创新和产业升级。如何通过各种途径的人力资本投资提升企业的可持续竞争力,是中国企业生存和发展面临的关键问题。

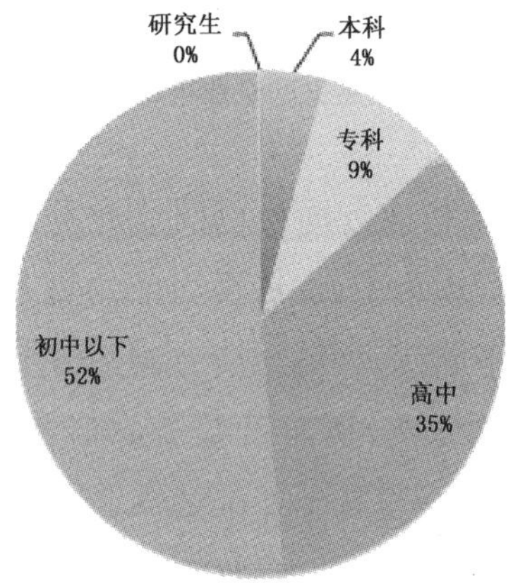

资料来源:《中国工业企业数据库》。

图 3—23　企业人力资本结构(2004 年)

二、企业的战略

改革开放以来,中国经济取得了举世瞩目的成就,经济、社会及人民生

活水平显著提高。作为国民经济发展的“三驾马车”之一，出口始终在经济发展中扮演着重要的角色。然而，2009 年以来，中国企业出口面临着严峻的考验，国际环境不确定性加大，欧洲经济复杂多变，贸易摩擦不断加剧；国内环境中，指标下行压力明显，劳动力和原材料价格大幅上涨，融资困难，企业粗放式经营的增长方式已经难以为继。如何转变企业的经营方式，提高企业的核心竞争力，是中国企业生存和发展面临的关键问题。

同时，创新是提高企业核心竞争力的重要手段。近年来，中国政府出台了一系列鼓励企业创新的政策。党的十八大更提出：“科技创新必须摆在国家发展全局的核心位置。”然而，中国企业的创新活动仍然较低。企业的出口和创新作为企业知识积累和生产率提高的两个重要途径，被认为具有很强的相关性。目前的研究认为，创新可以提高企业的生产效率，使企业在高度竞争的国际市场中生存；此外，创新可以增加企业的无形资产，从资源依赖的角度考虑，企业创新将对企业出口产生正向促进作用（Sterlacchini，2001；Tomiura，2007）。然而，也有一部分研究没有发现创新对出口的显著促进作用。Bleaney 和 Wakelin（2002）认为，创新只是促进出口的途径之一，不进行创新活动的企业同样可以通过降低资本强度和单位劳动力成本等方式促进企业出口。Harris 和 Li（2011）、Ganotakis 和 Love（2012）都发现，创新的企业倾向于出口，但仅限于进入出口市场，企业的创新对出口强度没有产生影响。中国学者谢军和徐青（2010）发现，各类专利对企业出口绩效均存在积极的影响作用，其中外观设计专利影响最大，其次是实用新型专利和发明型专利。但杨波（2008）发现，中国科技创新对出口增长的促进作用明显小于美、日、德等发达国家。

同时，企业出口战略对企业创新战略也有影响作用。基于“出口中学习理论”，一般认为企业在出口的过程中通过不断地吸收和学习而形成企业创新，进而促进了企业绩效的提升。Salomon 和 Jin (2010)通过对西班牙制造业的研究发现，过去的出口可以提升当前的出口倾向。Grima 等（2008）通过对英国和爱尔兰地区企业的研究发现，出口显著提升了爱尔兰企业的创新活动，但在英国未发现明显的证据。Criscuolo 等(2010)发现参与全球化的企业比不参与全球化的企业产生更多的创新。李平和田朔(2010)、刘修岩和陆旸(2012)发现，出口对中国企业的创新活动具有显著的促进作用。然而，张杰等(2009)认为，受到“俘获效应”的影响，中国企业的创新活动与出口之间呈现倒U形影响关系，过度依赖国外市场会严重制约我国企业创新能力的培育和提升。鉴于出口和创新活动对企业生存和发展的重要性，本研究主要就企业的出口和创新战略进行了描述和分析。

作为制造业发达地区，长三角地区的制造业企业具有很强的代表性。通过对长三角地区制造业数据的初步分析发现，2007年，长三角地区进行出口活动的企业所占比例超过31%，而进行创新活动的企业所占比例仅为11%，同时有出口和创新两种活动的企业仅为6%。这与日本47%的创新活动企业、31%的出口活动企业以及23%的同时出口和创新企业形成鲜明对比(Ito 和 Lechevlier，2010)(见图3—24)。同时，与意大利(Castellani 和 Antonello，2007)、西班牙(Caldera，2010)等其他发达国家相比，中国企业的出口活动也明显偏高，而企业的创新活动却略显不足。

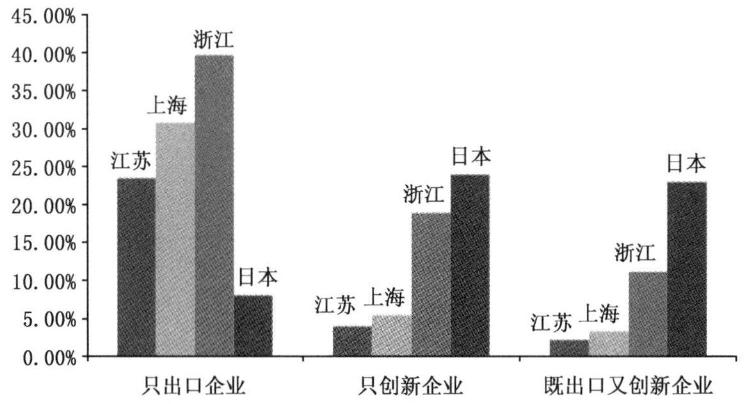

资料来源:《中国工业企业数据库》。

图3—24　制造业企业出口与创新战略

从图3—25、图3—26和图3—27中可以看出，不同所有制的企业在出口和创新战略方面表现出各自不同的特色。从图3—25中可以发现，国有企业中有出口活动的企业所占比例呈现出不断下降的趋势，2007年，有出口活动的企业所占比例已经下降到10%以下。而从图3—26中可以看出，外资企业的出口企业所占数量始终保持在50%的水平以上，表明外商直接投资在中国不仅着眼于中国广阔的市场，更利用中国廉价的劳动力和资源市场进行国际市场的开拓。此外，从图3—26中可以看出，同时具有出口和创新活动的外资企业比例有一定的提升，表明外资企业在中国的战略转型，外资企业不再只是将中国企业作为技术相对简单的代工工厂，也开始向更高的合作层次发展。从图3—27中可以发现，民营企业中只有出口活动的企业比例逐步降低，取而代之的是有创新活动企业比例的逐步提升。表明中国的民营企业在国内外环境的变革中，已经越来越认识到创新对企业的重要性，只有协同出口和创新战略才能达到促进企业发展的目的。

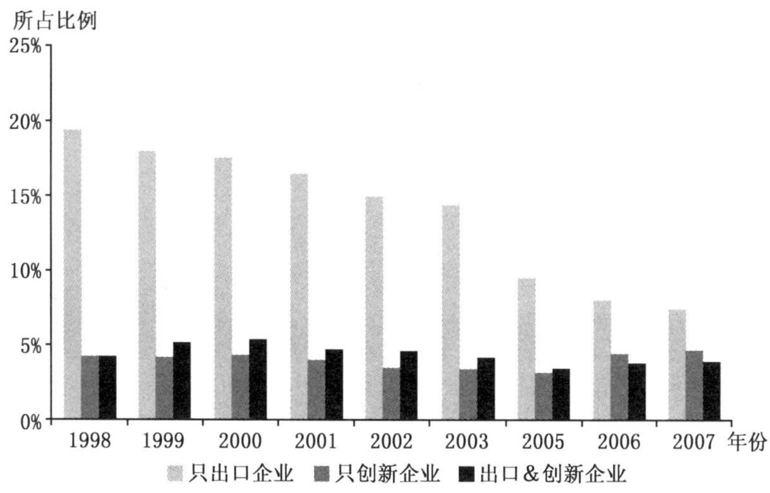

资料来源：《中国工业企业数据库》。

图3—25　国有企业制造业企业出口与创新战略

同时，企业的不同出口时间的选择也是企业发展战略的表现形式之一。

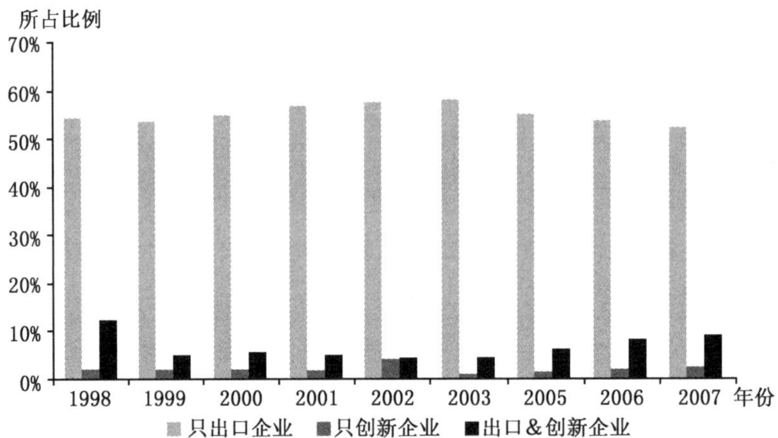

资料来源:《中国工业企业数据库》。

图 3—26　外资企业制造业企业出口与创新战略

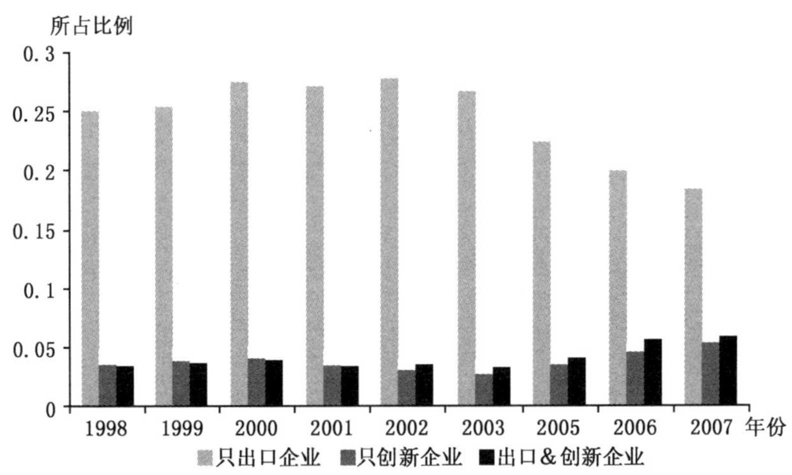

资料来源:《中国工业企业数据库》。

图 3—27　民营企业制造业企业出口与创新战略

一般认为,企业出口或国际化是一个循序渐进的积累过程。企业在国际市场上将遭遇外来者缺陷(liability of foreignness)、市场不确定性以及信息不对称等不利影响。因此企业倾向于从之前的经营过程中学习经验、积累资源、培育能力以应对这些影响(Eriksson 等,1997;Zahra,1995)。企业知识的积累和资源的获取是一个缓慢的过程,企业只有在风险较小的国内市场中积累了足够多的能力时,才会谋求国际市场的发展(Johanson 和 Vahlne,2009;Leonidou 和 Katsikeas,1996;林治洪等,2013)。但从图 3－28 中可以看出,约有 25%的企业在公司成立的两年内就有出口行为,且随着企业的规模、所有制和地区的不同呈现出较为显著的差异。学者们把中国企业这种快速国际化的过程归因于中国特殊的制度环境(Peng 等,2008)以及境外投资者带来的合法性影响(Luo 和 Tung,2007)。由于受中国市场分割、市场机制不健全等特殊制度环境的影响,一些中国企业在国内市场上无法获得生存和发展所必需的重要资源,只能转而向国际市场发展。同时,由境外投资者带来的技术扩散效应极大地降低了中国企业国际化的门槛。

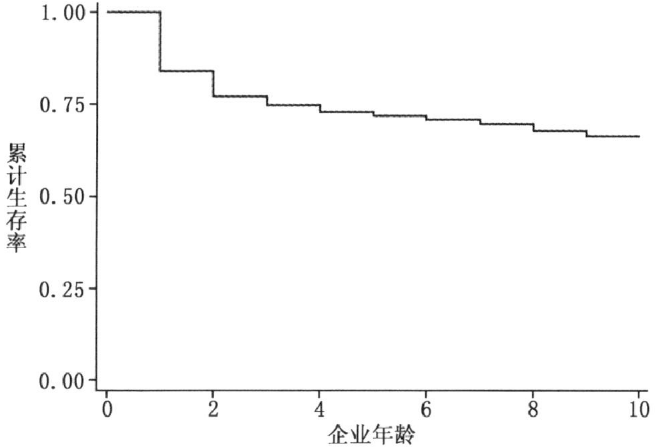

资料来源:《中国工业企业数据库》。

图 3－28　企业的出口时间

第三节　企业的环境

一、企业的区域环境

中国存在较为严重的区域发展不平衡现象。东南沿海地区具有较为明显的区域竞争优势，在地区生产总值、产业链发展、市场健全程度等方面都远远领先于中东部地区。这种区域发展不平衡现象对企业的生存和发展具有重要的影响作用。

其中，地区生产总值是反映地区经济发展水平的重要指标，同时也是反映地区市场规模的重要参考指标。从图3－29中可以看出，1998年以来，中国各省市自治区的地区生产总值有了显著的提高。但同时，地区差异也呈现出逐步扩大的趋势。长三角、珠三角和京津冀地区作为中国经济发展的三大引擎，在经济总量上远远领先于其他地区，这也为当地企业的发展提供了更多的机遇。

作为“中国模式”的重要载体，中国企业如雨后春笋般蓬勃发展。然而，受到“中国模式”三重属性——发展中国家＋转型国家＋社会主义国家的影响（胡乐明等，2009），中国企业在生存和发展方面呈现出其特殊的属性。Roberts和Thompson（2003）认为，转型经济过程中的环境不确定性、政府对私营企业的控制、垄断的金融体系、私有产权和风险投资市场的不健全以及市场中的存量国有企业都可能对企业的进入和退出产生影响。而在中国，影响中国企业发展的最大的环境不确定性因素就是处在转型阶段的、不健全的市场经济体系。樊纲等（2003）进一步指出，中国的市场化进程是区域不平衡的，区域环境中的市场化程度对企业的生存和发展具有重要作用。

樊纲等（2011）自1997年起每年从五个方面——政府与市场的关系、非国有经济的发展、产品市场的发育程度、要素市场的发育程度、市场中介组织的发育和法律制度环境，对中国各省市自治区的相对市场化程度进行了

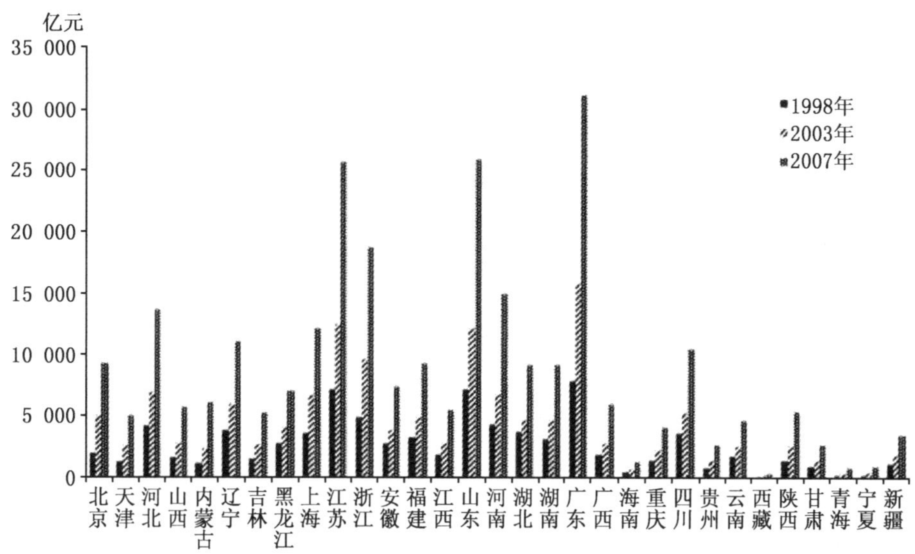

资料来源:《中国统计年鉴》。

图 3—29　地区生产总值

度量。通过引入以上五个方面的 25 个指标,得出了各省市自治区的综合市场化指数(如图 3—30 所示)。该指数对我国各省、直辖市、自治区的市场化相对进程做出一个基本的判断,也反映了该区域企业生存和发展的市场化环境。从图 3—30 中可以看出,中国各省市自治区的市场化指数自 1997 年以来都呈现出显著提升的趋势。但是区域之间差异较大,再次反映了中国区域经济发展的不平衡。长三角地区(上海、江苏和浙江三个省市)的市场化程度较高,北京和广东也表现出较高的市场化发展程度。而其他区域与以上地区相比,其市场化发展程度还存在着显著的差距。

企业的国际化战略作为企业发展的重要战略之一,企业国际化不仅能扩展企业的市场,分散企业的经营风险,还能够促进企业生产率的提高,对企业的生存和发展具有重要的意义。从图 3—31 中可以看出,中国制造业在出口企业的分布上也呈现出较为明显的地域差异,并且这种差异有逐步扩大的趋势。东部沿海地区,包括北京、上海、山东、江苏、浙江、广东、福建

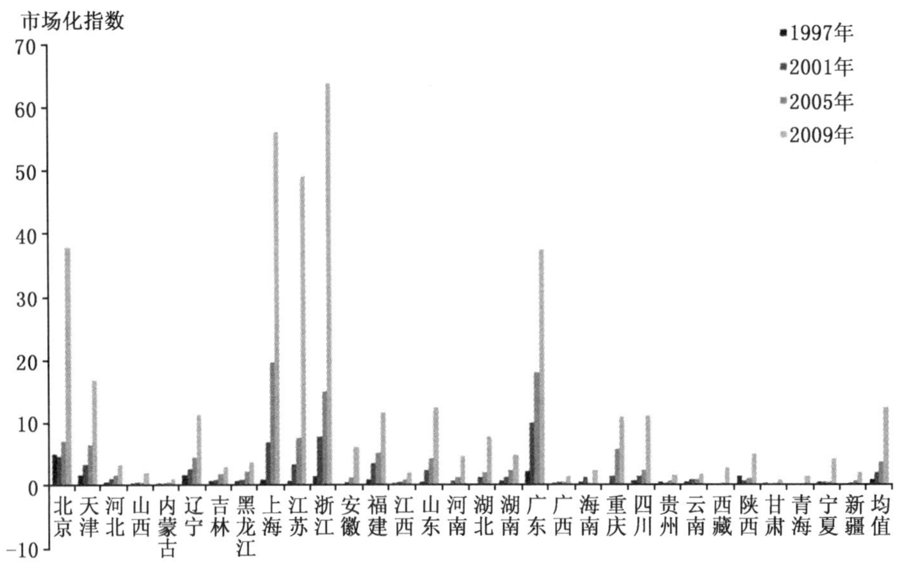

资料来源：樊纲等(2011)。

图 3－30　市场化指数

等地区出口企业数量方面都属于遥遥领先的第一梯队。而辽宁、河北、安徽等地则属于第二梯队。中部省份四川、湖南、湖北等地区属于第三梯队。西部地区与其他地区在出口企业数量方面还存在较大差距，属于第四梯队。

外资企业的进驻对当地企业的生存和发展有很强的影响和示范作用。一方面，引入外资企业除了能为当地企业的发展带来资金支持以外，还能引进先进的制造技术和管理经验，通过劳动力的扩散等效应，对当地企业的发展起到积极的示范作用；但同时，外资企业的引入又造成了对本地市场的冲击。有研究表明，外资企业的引入将降低本地企业的生存率。从图 3－32 中可以看出，外资企业的分布也同出口企业类似，表现出较为明显的“东高西低”的趋势。广东省作为中国对外开放的窗口，其外商投资企业数量自 1998 年以来一直处于领先地位；此外，东部沿海各省的外商投资企业数目均超过 1 000 家。山东、江苏、浙江和福建都在 5 000 家以上。而中西部各省与东部企业相比则存在较为显著的差异。本地企业如何因势利导、利用外

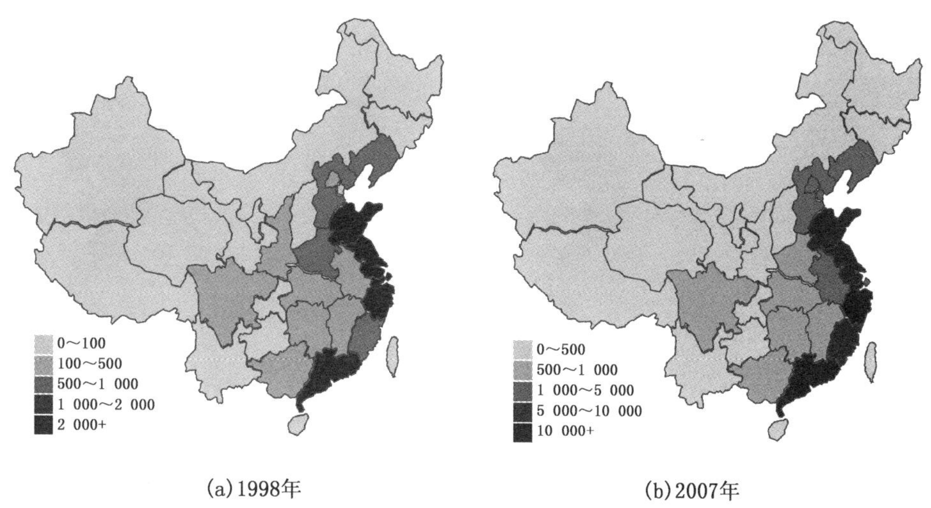

(a)1998年　　(b)2007年

资料来源:《中国工业企业数据库》。

图3－31　各省市自治区出口企业分布

资促进企业自身的生存和发展,是企业面临的重要议题。

二、企业的产业环境

每个产业都有自身的发展特点,包括产业结构、产业发展周期等。处于不同产业中的企业在产业发展的大环境下,呈现出各自的生存和发展特色。因此,产业环境是研究企业生存和发展时应该考量的重要因素。

产业集中度指的是特定产业的生产经营集中程度,一般用该产业中最大的、最主要的企业所拥有的生产要素或其产销量占整个行业的比重来表示,是反映该产业市场结构的关键变量。一般来说,集中度高即表明该产业中少数大厂商拥有较大的经济支配能力,或者具备了一定程度的垄断能力。戴姆塞茨研究发现,产业集中度与利润的关系为非线性的双S曲线。当集中度超过50%时,产业利润率与集中度正相关比较明显;在50%以下时,利润率下降。通过对行业产值最大的四家企业的行业集中率的测算(前四家企业产值占整个行业产值的份额)发现,中国制造行业的行业集中度普遍分

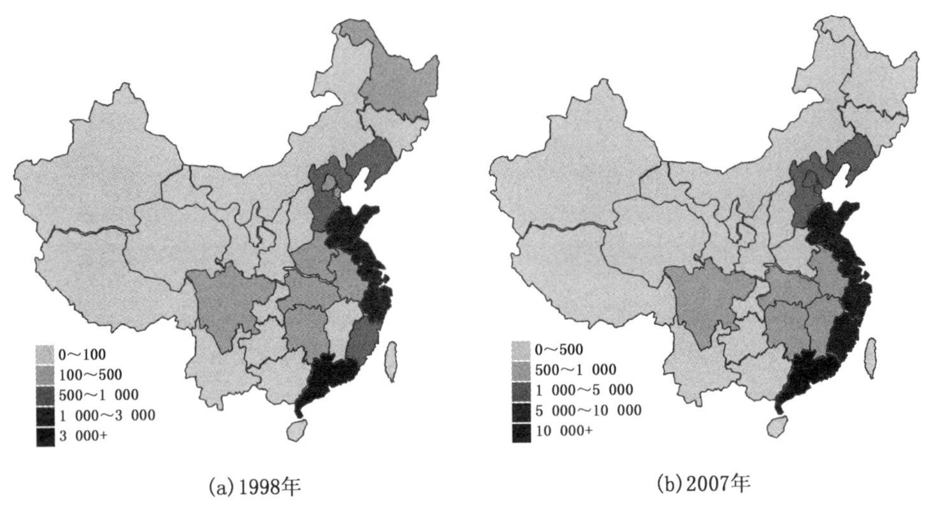

(a) 1998年　　(b) 2007年

资料来源：《中国工业企业数据库》。

图 3－32　各省市自治区外商投资企业分布

布于25%以下，很多行业的行业集中度都在10%以下，表明市场竞争较为激烈。从图3－33中可以看出，一些垄断行业的行业集中度近年来有所下降，比如石油加工及炼焦行业，其行业集中度从1998年的21%下降至2007年的14%。而同时，一些过去行业集中度较低、竞争较为激烈的行业，其集中度有所提升。比如纺织业，其行业集中度从1998年的2.4%增长至2007年的5.2%。随着行业集中度的提升，大型企业将逐步获得优势地位和支配市场的能力，其规模经济、范围经济及技术创新能力等将有利于整个行业效率、效益的提升，通过其技术扩散可以促进全产业的升级发展。

从图3－34可以看出，目前的出口企业仍然主要集中于纺织业、服装业等利润较低的传统制造业，而在医药制造业、交通运输制造业等行业中出口企业数量仍然较少。但同时也可以看出，近年来，中国企业在机械制造业、交通运输设备制造业等高新技术产业领域，出口企业的数量增长很快。大量的出口企业将通过技术扩散和产业链的延伸为后续企业的国际化铺平道路，同时也将营造中国企业在该领域的国际声誉。

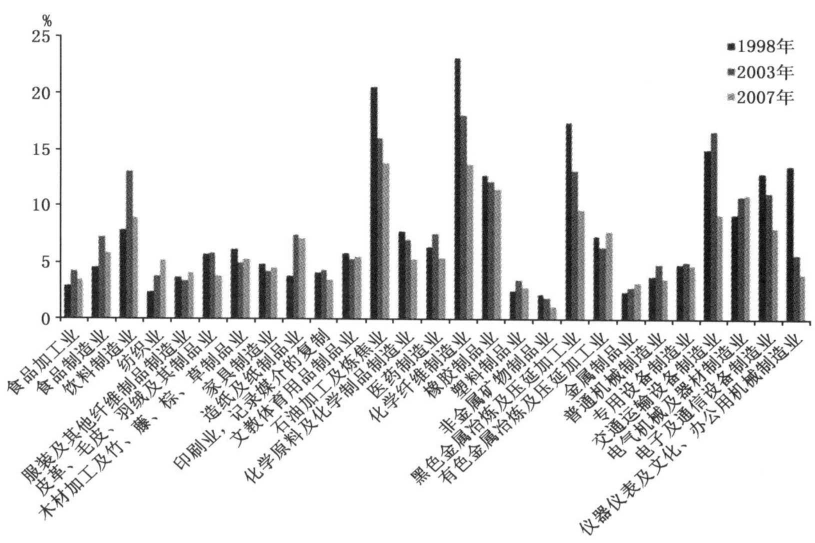

资料来源:《中国工业企业数据库》。

图 3—33　产业集中度

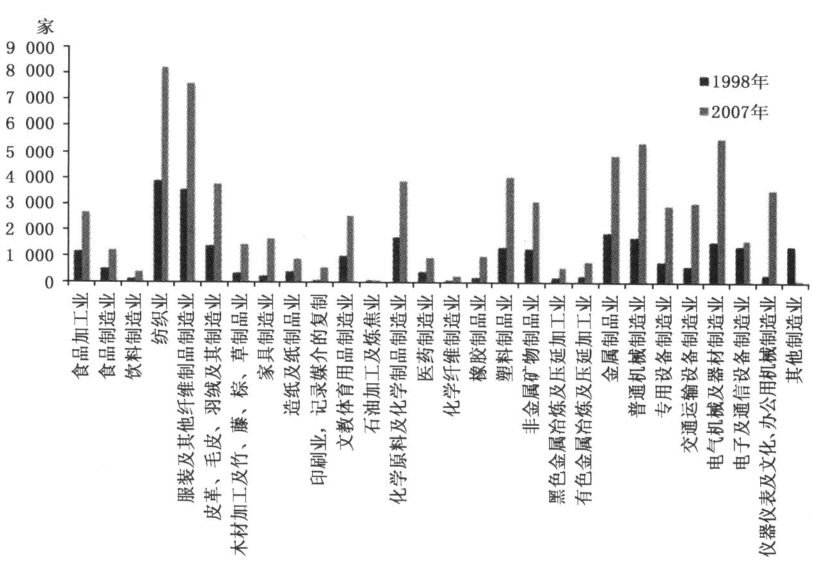

资料来源:《中国工业企业数据库》。

图 3—34　产业出口企业分布

从图 3—35 可以发现，1998～2007 年，外商投资企业的数量大幅增长。但与出口企业分布类似，外商投资企业也主要集中于纺织、服装等传统产业。同时，从图 3—35 中也可以看出，近年来外商投资企业在专用设备制造业、交通运输设备制造业等高新技术产业的数量也有快速增长。外商投资企业将通过向该产业引入资金和先进的管理技术改善产业的生态环境，促进该产业的发展，并影响产业内企业的生存和发展。

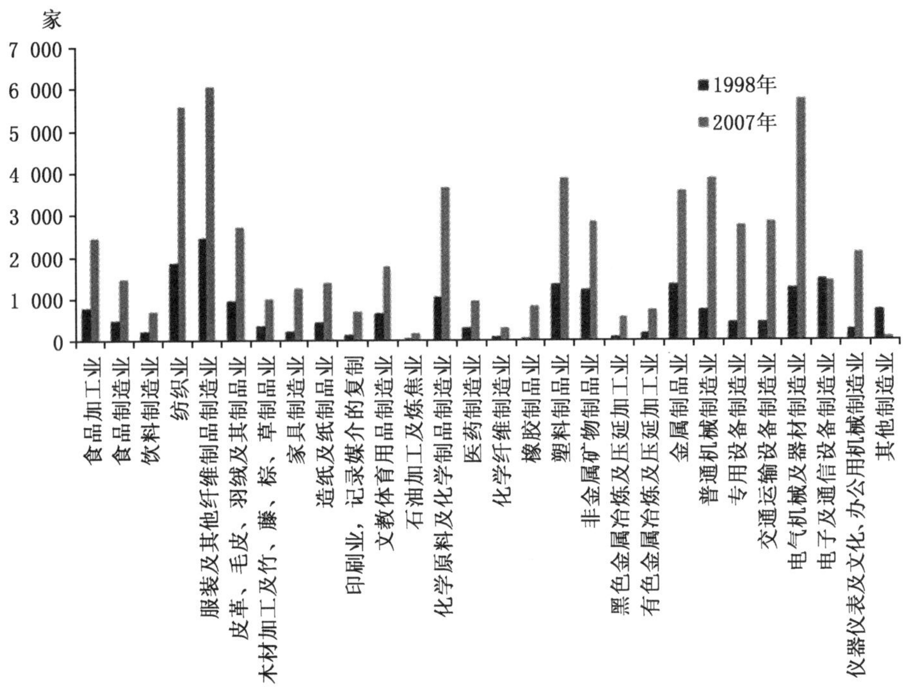

资料来源：《中国工业企业数据库》。

图 3—35　产业外商投资企业分布

参考文献

[1]Bleaney, M., Wakelin, K. "Efficiency, innovation and exports". *Oxford Bulletin of Economics and Statistics*, 2002, 64: 3—15.

[2]Caldera, A. "Innovation and exporting: evidence from Spanish manufacturing firms".

Review of World Economics, 2010, 146(4): 657—689.

[3]Carroll, G.R., Hannan, M.T. *The demography of corporations and industries*. Princeton: Princeton University Press, 2000.

[4]Castellani, D., Antonello, Z. "Internationalisation, innovation and productivity: How do firms differ in Italy?". *The World Economy*, 2007, 30(1): 156—176.

[5]Chang, S.J., Xu, D. "Spillovers and competition among foreign and local firms in China". *Strategic Management Journal*, 2008, 29(5): 495—518.

[6]Criscuolo, C., Haskel, J.E., Slaughter, M.J. "Global engagement and the innovation activities of firms". *International Journal of Industrial Organization*, 2010, 28(2): 191—202.

[7]Douma, S., George, R., Kabir, R. "Foreign and domestic ownership, business groups, and firm performance: evidence from a larger emerging market". *Strategic Management Journal*, 2006, 27(7): 637—657.

[8]Dunning, J.H. "Toward an eclectic theory of international production: Some empirical tests". *Journal of International Business Studies*, 1980, 11(1): 9—31.

[9]Eriksson, K., Johanson, J., Majkgard, A., Sharma, D.D. "Experiential knowledge and costs in the internationalization process". *Journal of International Business Studies*, 1997, 28(2): 337—360.

[10]Ganotakis, P., Love, J.H. "Export propensity, export intensity and firm performance: the role of the entrepreneurial founding team". *Journal of International Business Studies*, 2012, 43(8): 693—718.

[11]Harris, R., Li, Q.C. "Export-market dynamics and firm-level productivity: evidence for UK tradable sectors". *Industrial and Corporate Change*, 2011, 21(3): 649—670.

[12]Hoskisson, R.E., Eden, L., Lau, C.M., Wright, M. "Strategy in emerging economies". *Academy of Management Journal*, 2000, 43(3): 249—267.

[13]Huang, X., Chi, R. "Chinese private firms' outward foreign direct investment: Does firm ownership and size matter?". *Thunderbird International Business Review*, 2014, 56(5): 393—406.

[14]Ito, K., Lechevlier, S. "Why some firms persistently out-perform others: investigating the interactions between innovation and exporting strategies". *Industrial and Corporate Change*, 2010, 19(6): 1997—2039.

[15]Johanson,J.,Vahlne,J.-E."The Uppsala internationalization process model revisited:From liability of foreigness to liability of outsidership".*Journal of International Business Studies*,2009,40(9):1411—1431.

[16]Leonidou,L.C.,Katsikeas,C.S."The export development process:An integrative review of empirical models".*Journal of International Business Studies*,1996,27(3):517—551.

[17]Liu,Z."Efficiency and firm ownership:Some new evidence".*Review of Industrial Organization*,2001,19(4):483—498.

[18]Luo,Y.,Tung,R.L."International expansion of emerging market enterprises:a springboard perspective".*Journal of International Business Studies*,2007,38(4):481—498.

[19]Makhjia,M."Comparing the resource-based and market-based view of firm:Empirical evidence from Czech privatization".*Strategic Management Journal*,2003,24(5):433—451.

[20]Peng,M.W.,Wang,D.Y.L.,Jiang,Y."An institution-based view of international business strategy:a focus on emerging economies".*Journal of International Business Studies*,2008,39(920—936).

[21]Ralston,D.A.,Terpstra-Tong,J.,Terpstra,R.H.,Wang,X.,Egri,C."Today's state-owned enterprises of China:are they dying dinosaurs or dynamic dynamos?".*Strategic Management Journal*,2006,27(9):825—843.

[22]Roberts,B.M.,Thompson,S."Entry and exit in a transition economy:the case of Poland".*Review of Industrial Organization*,2003,22(3):225—243.

[23]Salomon,R.,Jin,B."Do leading or lagging firms learn more from exporting?".*Strategic Management Journal*,2010,31(10):1088—1113.

[24]Shinkle,G.A.,Kriauciunas,A.P."Institutions,size and age in transition economies:implications for export growth".*Journal of International Business Studies*,2010,41(2):267—286.

[25]Sterlacchini,A."The determinants of export performance:a firm-level study of Italian manufacturing".*Weltwirtschaftliches Archiv*,2001,137(3):450—472.

[26]Tomiura,E."Foreign outsourcing,exporting,and FDI:a productivity comparison at the firm level".*Journal of International Economics*,2007,72(1):113—127.

[27]Zahra,S.A."Overcoming the liability of foreignness".*Academy of Management*

Journal,1995,38(2):341—363.

[28]Zhou,C.,Van Witteloostuijn,A."Institutional constraints and ecological processes: Evolution of foreign-invested enterprises in the Chinese construction industry,1993—2006", 2010.

[29]刘修岩,陆旸.出口贸易对中国区域创新能力影响的实证分析[J].东南大学学报,2012,14(5):55—59.

[30]刘瑞明,石磊.国有企业的双重效率损失与经济增长[J].经济研究,2010(1):127—137.

[31]刘迎秋.论人力资本投资及其对中国经济成长的意义[J].管理世界,1997(3):32—36.

[32]张杰,李勇,刘志彪.出口促进中国企业生产率提高吗[J].管理世界,2009(12):11—26.

[33]曹裕,白冰,黄健柏.市场竞争与创新:对当前我国中小企业生存困境的分析[J].管理世界,2009(8):180—181.

[34]李平,田朔.出口贸易对技术创新影响的研究:水平溢出与垂直溢出——基于动态面板数据模型的实证分析[J].世界经济研究,2010(2):44—48.

[35]杨天宇,张蕾.中国制造业企业进入和退出行为的影响因素分析[J].管理世界,2009(6):82—90.

[36]杨惠馨.中国企业的进入退出——1985～2000年汽车与电冰箱产业的案例研究[J].中国工业经济,2004(3):99—105.

[37]杨波.科技创新对出口促进作用的国际比较研究[J].科研管理,2008,29(1):21—28.

[38]林治洪,陈岩,秦学志.基于制度视角的企业国际化速度对绩效的影响研究:来自中国上市公司的经验分析[J].产业经济研究,2013(1):89—99.

[39]樊纲,王小鲁,张立文,朱恒鹏.中国各地区市场化相对进程报告[J].经济研究,2003(3):9—18.

[40]樊纲,王小鲁,朱恒鹏.中国市场化指数:各地区市场化相对进程2011年报告[M].北京:经济科学出版社,2011.

[41]胡乐明,刘志明,张建刚.国家资本主义与"中国模式"[J].经济研究,2009(11):31—37.

[42]蔡宁,王发明.中关村高新技术产业组织死亡率分析——基于组织生态学的视角[J].统计研究,2006(4):39—44.

[43]谢军,徐青.广东制造企业技术创新能力与出口绩效的关系研究[J].科技管理研究,2010(12):77—79.

[44]陈勇兵,蒋灵多.外资参与、融资约束与企业生存[J].投资研究,2012(6):65—77.

第四章

密度依赖过程对企业生存的影响

改革开放以来，中国企业迎来了发展的春天，企业数量连年呈几何式增长。这些企业在活跃地方经济的同时，也加剧了产业内的竞争，破产、重组、并购等现象在中国企业中频现。为了更好地分析激增的企业数量对中国企业生存的影响，本书选取江苏省建筑业1989～2007年的微观企业发展数据，应用密度依赖理论，对中国企业的生存状况进行了分析，发现：(1)建筑企业的死亡率虽然受到种群密度的影响，但由于建筑业是一个成熟的产业，总体来看，其并未受到合法性作用的约束，主要受到竞争性作用的影响，呈现倒U形分布特征。(2)种群密度和企业年龄共同作用，对建筑企业的死亡率产生影响。企业年龄小于5时，种群密度对死亡率的影响主要表现为随种群密度的上升而增大；企业年龄大于5时，这种作用主要表现为随种群密度的上升而减小。(3)企业规模和宏观经济、政治环境也同样对企业的死亡率产生影响。

第一节　密度依赖理论及模型

根据第二章对密度依赖模型的介绍可知，密度依赖模型是组织生态学

中研究种群密度对组织的出生率和死亡率影响的核心理论之一。通过前面的分析可以看出，中国企业的数量增长较快，产业处于快速扩张阶段，这将对企业的建立和死亡造成一定的影响。为了验证中国企业种群密度的增加对企业生存的影响，本研究将选取江苏省建筑业作为研究对象。受到政策以及经济发展的影响，江苏省建筑产业具有其发展的特殊性。江苏省建筑产业的发展是否满足密度依赖理论的假设，产业种群密度的急速增长会对企业的死亡率造成怎样的影响，这都是本书研究的焦点。

根据常用的 Lotka-Volterra 模型，最初的种群增长理论认为，组织的死亡率与种群的规模呈单调递增的线性关系（Singh 和 Lumsden，1990）。Hannan 等人在结合了组织学研究、制度学研究的基础上（DiMaggio 和 Powell，1983；Meyer 和 Rowan，1977；Meyer 和 Scott，1983），提出了组织的死亡率与种群密度的非单调关系。根据第二章的介绍可知，在合法性（legitimation）和竞争性（competition）的共同作用下，企业的死亡率与种群密度呈 U 形分布。合法性主要指社会合法性（social legitimation），即一个新的组织形式用一个“自然”的方式做一些特定的事情的一种自然属性。在完成合法性这样一个过程中，组织的种群呈现出增长的趋势，主要是因为种群内已经存在的组织对其自身以及新进入者表现出一种正向的外在作用（Geroski，2001）。竞争性是在种群发展后期才逐渐显现出的一种作用，当种群内企业数目较少时，企业都比较能够互相和其他企业使用同一资源，避免之间的竞争，但是当种群内企业数目增多时，竞争将不可避免。由于对同一资源争夺者的增多，种群内的竞争性逐步加强（Carroll，1997）。因此，从长期来看，组织的死亡率受合法性和竞争性作用的共同影响。

在产业发展初期，产业主要受到合法性作用的影响。由于种群内新组织的合法性较低，缺少社会认同，难以获得资金、劳动力、供应商等方面的支持，进而导致这一阶段组织的死亡率较高，如图 4－1 所示，此时，组织死亡率处于 a 点。随着产业的不断发展，企业的合法性程度得到提高，社会认同度增加，死亡率将逐渐降低，此时，组织死亡率从 a 点降至 b 点。随后，由于产业种群密度的增加，企业之间竞争将加剧，受到竞争性作用的影响，企业死亡率将增大，此时，组织死亡率从 b 点增至 c 点。

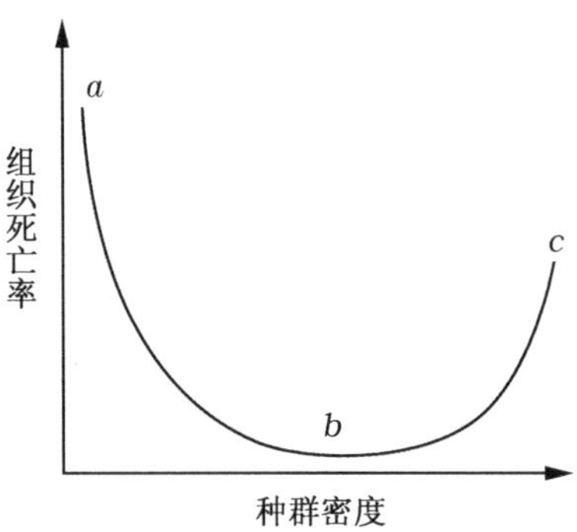

图 4－1　组织死亡率与种群密度关系

根据组织的死亡率与种群密度之间的这种 U 形关系，一些学者提出了基于密度依赖理论的组织死亡率模型：

$$\mu(u)=\exp[\alpha_0+\alpha_1 N(u)+\alpha_2 N^2(u)]\exp[\gamma_0(u)] \quad (4-1)$$

式中：$\mu(u)$表示组织的死亡率，$N(u)$表示种群在组织年龄为 u 时的密度，γ_0 表示与年龄依赖有关的变量系数。根据图 4－1 中组织死亡率与种群密度呈 U 形曲线分布的假设，应有 $\alpha_1<0$；$\alpha_2>0$。

密度依赖理论作为组织生态学中发展较早、较为成熟的理论之一，已经被多位学者推广至多个产业有关组织死亡的研究中。Singh 和 Lumsden（1990）对组织生态学理论和研究进行了总结，发现很多有关组织死亡的研究都支持密度依赖理论。包括美国的劳工组织（Hannan，1988）、美国的啤酒产业（Carroll 和 Swaminathan，1989）、美国和德国的啤酒产业（Carroll 等，1993）。此外，Carroll 和 Hannan（1993）对 9 个不同地区的报纸产业进行研究，发现所有组织的建立率都支持了密度依赖理论，但是较大种群的组织死亡率才能够支持密度依赖的过程。他们认为合法性和竞争性过程只在大的组织种群中产生（Carroll 和 Hannan，1989）。Hannan 等人将种群密度和种群的年龄两个变量相结合，对英国、法国、德国和美国四个国家的汽车制造业进行研究，发现其组织死亡率都显著支持密度依赖理论，但同时也受到种群年龄的影响（Hannan 等，1998）。Bogaert 等（2006）基于模糊数学的理论对荷兰审计行业的密度依赖过程进行了研究，结果显示该产业有关组织死亡的数据有力地支持了密度依赖理论。

但是也有不少学者对密度依赖理论提出质疑。Zucker（1989）质疑用种群密度代替合法性是否合理。Barneet 和 Amburgey（1990）指出，密度依赖理论假设所有组织都对密度依赖的过程有同样的影响，而实际情况并非如此。实际上，大组织对密度依赖过程的影响应该远远大于小组织的影响，而密度依赖模型忽略了这些。

此外，也有一些产业得出的结论不支持密度依赖理论的假设。Rao（1994）发现有关组织死亡的研究与有关组织建立的研究相比，很多都并不支持密度依赖理论的假设。这其中包括 Tucker 等（1988）对社会服务组织的研究，Delacroix 等（1989）对加利福尼亚红酒产业的研究等。Rao（1994）认为，组织死亡对于密度依赖的支持力度较小，主要是由于在组织成长的过程中，密度依赖过程受到各种各样的组织学习过程、结构的发展等因素的影响而逐步减弱。而密度依赖理论的提出者 Carroll 和 Hannan 认为，很多产业的研究得出的结论不符合密度依赖理论是由于未能研究整个产业的演化过程，研究时间较短。比如 Tucker 的研究从 1970 年到 1982 年，而 Delacroix 等人的研究从 1934 年到 1939 年，时间跨度较短，被认为是未能满足密度依赖模型的潜在原因（Carroll 和 Hannan，1989）。而 Delacroix 等人认为，这是由于葡萄酿造厂在政治上的重要性使得它不同于报纸等其他产业，它在产业发展初期不会受到合法性的影响，因此它的出生率和死亡率发展轨迹不符合密度依赖理论的规律。Delacroix 等人从而总结道，并不是所有产业都适用于密度依赖理论，至少合法性这一因素并不一定会影响所有的产业。

目前为止，还没有学者将密度依赖理论应用于建筑业的研究。建筑业是一个传统行业，在中国国民经济核算体系中，建筑业被划为第二产业，即生产原料的加工部门。这样的产业通常产业利润率低，产业发展相对于第三产业而言较为缓慢，国家垄断程度高。我国和江苏省的建筑业都具有上述明显的特点。改革开放前，江苏省建筑业属于国家控制的计划经济行业，企业没有建立和死亡的概念。改革开放后，江苏省建筑企业逐步走上了市场化的道路，但企业的发展仍受到一定程度国家政策的影响。在这样的“中国模式”下，江苏省的建筑业发展是否会受到合法性和竞争性作用的影响？密度依赖过程将对江苏省建筑企业的生存状况产生怎样的影响？这些问题都是本研究要解决的问题。

第二节　研究数据

本书选取的研究目标为改革开放后1989～2007年间江苏省建筑企业的发展数据，这些数据来自江苏省建筑工程管理局每年有关全省建筑企业的统计资料。

一、种群密度

虽然有学者认为用种群密度代替合法性是不合理的（Zucker，1989），但是Hannan等人认为合法性和竞争性这一过程是很难被量化的，为了对这两个过程进行系统的、可比较的研究，需要选取在种群的长期演化过程中容易获得并且可以进行比较的变量。因此，种群密度是较为合适的选择（Hannan和Carroll，1992）。本书选用1989～2007年间《江苏省统计年鉴》中有关江苏省建筑企业的数据作为江苏省建筑业的种群密度。

二、企业死亡

在组织生态学的研究中，组织的死亡通常包括以下几种形式：破产、退出本产业并进入另外产业、被合并或收购（Hannan和Freeman，1989）。但由于数据收集的难度以及江苏省小型建筑企业的数据变动过于频繁，本书的研究对象为期末从业人数大于等于1 000人的建筑企业，即企业期末人数小于 1 000 人当年即为企业的死亡日期。因为中国建筑业属于劳动密集型产业，当企业的期末从业人数小于 1 000 人时，认为企业不具备市场竞争及发展能力，这样的定义是较为合理的。图 4—2 为企业的密度和企业死亡率之间的关系。

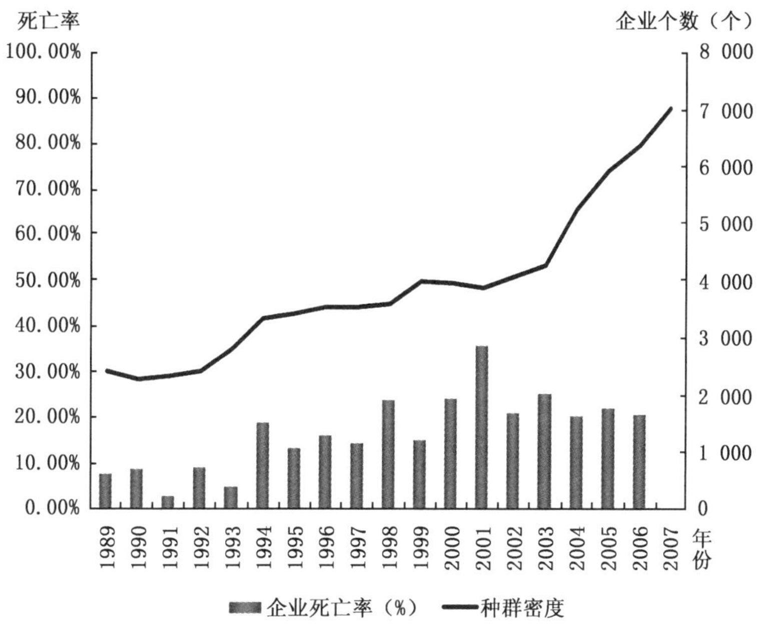

资料来源：江苏省建管局内部资料。

图 4—2　江苏省建筑企业密度及死亡率(1989～2006 年)

三、企业年龄

由于本书的研究范围为 1989～2007 年间江苏省建筑企业的发展，因此只有存在于 1989 年的企业以及之后成立的企业才能被列入研究范围。假定所有 1989 年存在的企业为其进入产业的第 1 年，其年龄均为 1，此后依次类推。在所有研究期内死亡的企业的平均年龄为 3.75 年，年龄的中位数为 3 年。企业的个数及年龄分布如图 4—3 所示。

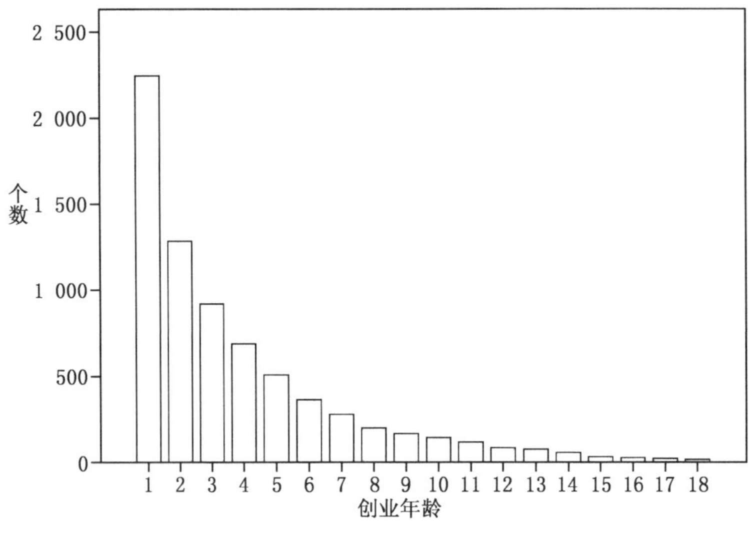

图 4—3　江苏省建筑企业年龄

四、影响企业死亡的企业相关指标

密度依赖理论主要反映了企业种群的演化对企业死亡的影响，而不考虑企业自身的特性。但不同的企业有着不同的发展轨迹，为了反映企业层面的差异对企业死亡的影响，本书选用了企业总产值反映企业的规模。根据企业的产值，将企业的规模分为五类，每一类中企业的数量基本相当：1 代表产值小于 7 亿元的企业；2 代表产值大于等于 7 亿元而小于 10 亿元的企业；3 代表产值大于等于 10 亿元而小于 17 亿元的企业；4 代表产值大于等于 17 亿元小于 31 亿元的企业；5 代表产值大于 31 亿元的企业。

五、影响企业死亡的宏观经济相关指标

为了反映除种群密度以外的宏观因素对企业死亡的影响，本书选取了国内生产总值增长率、江苏省地区生产总值增长率、全国固定资产投资增长率、江苏省固定资产投资增长率、全国建筑业产值增长率、江苏省建筑业产

值增长率等几个宏观经济指标。此外，近年来中国房地产业发展较快，房地产业与建筑业高度相关，并对建筑业有较强的带动作用。本书选取了 3 个主要指标来反映房地产业的发展对建筑企业死亡的影响，分别是全国房地产业本年完成投资增长率、江苏省房屋建筑施工面积增长率和竣工面积增长率。

另外，根据前面对江苏省建筑业发展历程的分析可以看出，其发展受到改革开放和国有企业改制的影响。为了将这些影响反映到模型中，本书对改革开放发展期（1989～1997 年）、国有企业改制期（1998～2001 年）两个时期分别引入虚拟变量。

六、删失数据

在数据的观测和收集过程中，无论观测时间多长，总有一些观测个体没有发生目标事件，有可能未知其事件时间及状态，这类事件称为删失（杜本峰，2008），在本章的研究中还将对其进行详细的讲解。在本书中，目标事件为企业的死亡，观察期为 1989～2007 年。在 2007 年观察期结束时，仍有 971 家企业生存着，由于未知其 2008 年的生存状态，因此无法对其状态进行判断，这些事件称为右删失。这类数据对模型的分析仍然具有价值，因此对其定义为虚拟变量。

第三节　研究方法

一、事件史分析

（一）事件史分析概述

横截面数据、时间序列数据、纵向数据的方法是最常用的统计分析方法。横向研究是在一个时间点上收集研究资料，用于描述调查对象在这一时间点上的状况，或探讨在这一时间点上不同变量之间的关系，它通常用于探索性研究和描述性研究,也可用于解释性研究。纵向研究也称为纵贯研究,指的是在比较长的时期内,在若干个不同时间点收集资料,用于描述观测现象的发展过程,揭示现象之间的相互关系,分析观测现象产生的历史背景和社会条件,探讨现象的前后联系,力图揭示观测现象的发展规律和发展趋势。一般来说,时间序列的研究专注于单一个体,横截面研究只关注一个时间点,而纵向数据研究方法通常会将在研究期内没有响应的数据舍弃。与这些研究不同,运用事件史分析可以对多个个体长时间的演化进行研究,并且由于删失变量的引入,解决了很多纵向数据研究中舍弃没有响应数据的问题。总之,事件史分析(event history analysis)是专门研究"事件发生的方式及其相关因素"的一种方法。事件史分析方法,是运用离散状态(discrete state)、连续时间(continuous time)的随机模型,分析纵贯性数据的统计分析方法的集合。运用事件史分析方法可以对个体进行历时研究,解决了以往的历时研究只能进行汇总水平变化比较分析,无法建立多元解释变量综合分析模型的缺点。简单地说,就是研究个人特征变量、环境变量或制度性变量在变化的时空中是如何影响一些事件发生的概率(Blossfeld 和 Rohwer,2002;左学金,1995;杜本峰,2008;米红和曾昭磐,1997;郭志刚,2001)。

事件史分析方法的源流主要有三个:其一是生物医学统计方法的生存分析(survival analysis)学派;其二是可靠性技术的失效时间分析(failure time analysis)学派;其三是数理社会学中的马尔科夫(Markov)学派。事件史分析方法最初被用于生物统计及医学领域中,随着近 20 年的迅速发展,事件史分析被越来越多地应用于社会统计分析中,用来研究工作变换、晋升、解雇、失业、就业等问题。本书将运用事件史分析方法研究建筑企业的死亡。

(二)事件史分析的重要概念

1. 事件(event)

事件史分析中的事件代表一种变化,或从一种状态到另一种状态的转变，也就是从初始状态到目的状态的转变。例如，一名新录用的教师从从事教学（状态 1）直到他或她离开教学岗位或学校（状态 2）；一个没有喝酒的人（状态 1）到开始饮酒（状态 2）；一个企业从生存（状态 1）到死亡（状态 2）。大多数事件史模型考虑的是单一事件、两个状态（起始状态、终止状态）的过程。本书主要研究江苏省建筑企业死亡这一事件，以及进入江苏省建筑业（从业人数大于等于 1 000 人）、退出江苏省建筑业（从业人数小于 1 000 人）这两个状态。

2. 删失（censoring）

删失也称截断，是指一些关于观测个体的持续时间信息不确定的情况。通常有三种原因使删失发生：(1)在研究结束之前，某些观测个体还没有经历我们所关心的事件；(2)在研究期间，观测个体丢失；(3)由于其他原因，观测个体退出研究。图 4—4 给出了几种删失的类型，其中 a～b 表示观测期。

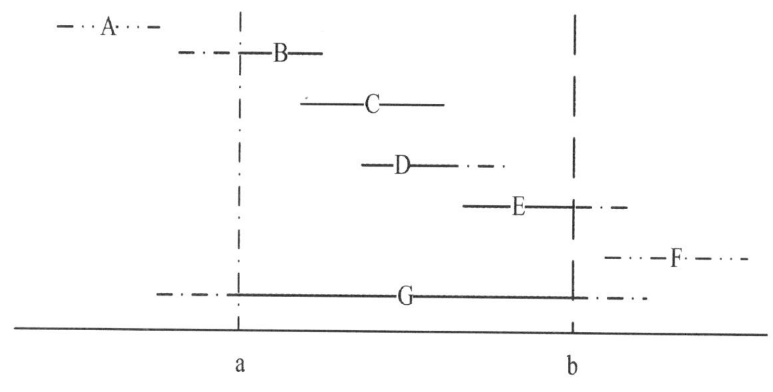

图 4—4　删失类型

● 情景 A 表示完全左删失。这意味着在观察期开始之前，该情景的开始时间和结束时间就被确定了。

● 情景 B 表示部分左删失。研究对象已经持续在初始状态中的时间长度是未知的。在此情景下，面临与情景 A 相同的问题。这种情况通常又被称为左截尾（left truncated）观测。

● 情景C是完整的。既没有左截尾，又没有右删失。

● 情景D是一种特殊情况，该情景是观察期内右删失。如果删失是一个随机过程的结果，那么事件史分析方法能够毫无疑问地考虑这些情景。严格来说，它可以与情景E同样对待。然而，这种删失可能因为面板研究中的耗损或数据丢失而发生。这样的中途退出、数据丢失通常不是随机的，并且丢失的观测个体特征经常与正在研究的过程相关。这样的选择性偏差会产生一些问题并且是事件史分析不易解决的。

● 情景E，由于截止时间之后还可以继续，但不继续观测了，称为右删失(right censored)。这种删失类型在追溯访问进行生命历程研究中经常发生，由于观察窗口的结束时间b通常与研究的实质分析过程无关，这种右删失数据的分析没有问题，它可以用事件史分析方法来处理。

● 情景F称为完全右删失。此持续时间的进入和退出都发生在观察结束之后。这种删失数据类型通常发生在回溯生命过程的研究中。

● 情景G代表持续时间内既有左截断又有右删失。

事件史分析重要的特性之一在于它可以考虑删失(截断)的问题。在本研究中，只考虑情景C和情景E两种情况。即将研究期开始即存在于产业中的企业作为情景C来处理，对于研究期结束后仍然还生存的企业，赋予虚拟变量。

3. 协变量(covariates)

协变量也称自变量或解释变量，是指描述事件发生的原因和变化过程的相互独立的随机变量，是运用多元统计方法建立事件史分析模型的基础。事件史分析中的协变量可以根据统计分析个体的不同而变化，如结婚的年龄、个人的收入；协变量可以是不随时间变化的，如性别、种族；也可以是时变的，如企业的产值。可以容纳因人而异并随时间变化的协变量，是事件史分析重要的特性之一。

4. 生存时间(survival time)

生存时间也称为“存活时间”或“寿命”，是指从某起点开始到被观测对

象出现终点事件所经历的时间。它是一个非负的随机变量,常用以下三个函数描述其分布特征:

(1)生存函数(survival function)。又称累计生存率,记为 $S(t)$,表示个体生存时间长于 t 的概率。以 T 表示生存时间,则生存函数可以表示为:

$$S(t)=\text{Prob}(T\geqslant t)=1-F(t) \tag{4-2}$$

式中,$F(t)$指个体的生存时间 T 的分布函数。

生存函数可以描述成光滑的曲线,叫做生存曲线。陡峭的生存曲线表示低的生存率或短的持续时间,坡度较平缓的生存曲线表示高的生存率或较长的持续时间。生存函数是一个非增函数,随着 t 的增加而下降;初始时间 $t=0$ 时,$S(t)=S(0)=1$;当 $t=\infty$时,有 $S(t)=S(\infty)=0$。

(2)概率密度函数(probability density function)。又称密度函数,记为 $f(t)$,表示特定时间在时刻 t 发生的非条件概率,表示为:

$$f(t)=\lim_{\Delta t\to 0}\frac{P(t<T\leqslant t+\Delta t)}{\Delta t} \tag{4-3}$$

$f(t)$为非负函数,且 $S(t)=P(T\geqslant t)=\int_1^{\infty} f(t)\mathrm{d}t$,即 $f(t)=-\mathrm{d}S(t)/\mathrm{d}t$。

(3)危险率函数(hazard function)。又称风险概率,记做 $h(t)$,用于描述观测个体已生存时间 t 后,单位时间发生事件的瞬时可能性。

$$h(t)=\lim_{\Delta t\to 0}\frac{P(t\leqslant T\leqslant t+\Delta t\mid T\geqslant t)}{\Delta t}=\lim_{\Delta t\to 0}\frac{1}{\Delta t}P \tag{4-4}$$

(三)事件史分析方法

事件史分析方法可分为两类:一类为离散型分析方法;另一类为连续型分析方法。在这两类方法中,又分别可分为参数和非参数的方法。

非参数方法是最早的事件史分析方法。估计生存时间分布的特征,在没有适当的模型并需要拟合理论分布之前,非参数方法是较为有效的方法。常用的非参数方法有生命表法(life-table method)和乘积极限法(product-limit method),也称为 Kaplan-Meier 法。

线性回归、logistic 回归等是最常用的参数模型。通过建立参数模型,可以识别对生存有影响的重要因素，并根据危险因素在模型中的影响，对生存率进行预测。参数生存模型指生存时间（结果）假定服从已知的分布。该模型通常用于生存时间的分布式威布尔（Weibull）、指数分布（Weibull 的特例）、对数逻辑斯蒂（log-logistic）、对数正态（lognormal）和广义伽马（generalized gamma）中。

（四）半参数分析方法——Cox 比例风险模型

在非参数和参数模型之间，联系这两者的一个重要的桥梁是可以描述半参数或部分参数的 Cox 比例风险模型。

Cox 比例风险模型是在事件史分析中使用最广泛的模型，它具有诸多优良性质：它不仅可以分析带有删失数据的生存资料，同时分析众多相关因素对生存期的影响，而且不要求估计资料生存函数的分布类型，便可以允许模型中引入随时间而变的协变量。

用 $h_0(t)$ 表示基准风险函数，$X=(x_1,\cdots,x_p)$ 表示协变量，则比例风险模型可以表示为：

$$h(t)=h_0(t)e^{[\beta_1x_1+\beta_2x_2+\cdots+\beta_jx_p]}=h_0(t)e^{\beta X} \qquad (4-5)$$

这里，$\beta_1x_1+\beta_2x_2+\cdots+\beta_jx_p$ 称为风险指数。基准风险函数 $h_0(t)$ 可以任何形式出现。由于 $h_0(t)$ 并未规定，从这个意义上来说，Cox 模型是一种半参数（semi-parametric）模型。并且由于对任意两个案例 i 和 j，两者的风险之比是一个常数，只取决于个人特征而与时间 t 无关，所以 Cox 模型又是成比例的，这称为 Cox 模型的比例风险假设。

Cox 模型的一个重要特征是，基准风险 $h_0(t)$ 是 t 的函数，而与协变量 X 无关；风险指数与协变量 X 相关，而与 t 无关。这时的 X 称为与时间独立的协变量（time-independent）。Cox 模型也可以分析与时间相关的协变量，称为时变变量（time-dependent），但这样的模型不再满足于比例风险假设，称为扩展的 Cox 比例风险模型（extended Cox model）。本书将选择扩展的 Cox 比例风险模型对江苏省建筑企业的死亡进行分析。

二、模型适用性分析

Cox 比例风险模型是密度依赖理论中使用较多的一种方法，因为它不需要做任何假设，无论基准风险率的形状和特点是什么，都可以估计协变量和风险率之间的关系。本书拟采用 Cox 比例风险模型对江苏省建筑业的密度依赖模型进行研究。为了讨论 Cox 比例风险模型对江苏省建筑业密度依赖研究的适用性，本书采用 Cox-Snell 残差对其进行检验。

（一）Cox-Snell 残差

Cox-Snell 残差是对模型选择进行评估的最常用的分析方法。该残差可以表示为（杜本峰，2008）：

$$r_{cs_i} = \exp(\hat{\beta}' x_i) \hat{H}_0(t_i) \tag{4—6}$$

式中，$\hat{H}_0(t_i)$是基准风险函数积分的估计（或累计风险）。如果模型的选择是正确的，那么 r_{cs_i} 将是一个具有风险率为 1 的指数分布，于是，Cox-Snell 残差可被认为是来自于单位指数分布的一个观测样本。为了检验 Cox-Snell 残差是否近似于单位指数分布，只要构建残差图即可。该方法的基本逻辑非常直观，如果 Cox-Snell 残差是单位指数分布，累计风险的估计相对于 r_{cs_i} 应该是斜率等于 1 的一条直线。也就是说，如果模型选择正确的话，$H_r(r_{cs_i})$对 r_{cs_i} 的图应该是一条通过原点、斜率等于 1 的直线。

（二）Cox-Snell 残差图分析

将江苏省建筑企业的数据代入 Cox 比例风险模型，运用 Cox-Snell 残差对其进行检验。

从图 4—5 可以看出，Cox 模型对数据的拟合较好。图中直线为通过原点的 45°参照线，可以看出，估计的 $H_r(r_{cs_i})$对照 r_{cs_i} 大致落在直线上，说明 Cox 比例风险模型对江苏省建筑业的密度依赖研究的适用性较强。

三、协变量函数形式分析

在 Cox 比例风险模型中，协变量并非全部都是线性的，有些协变量会出

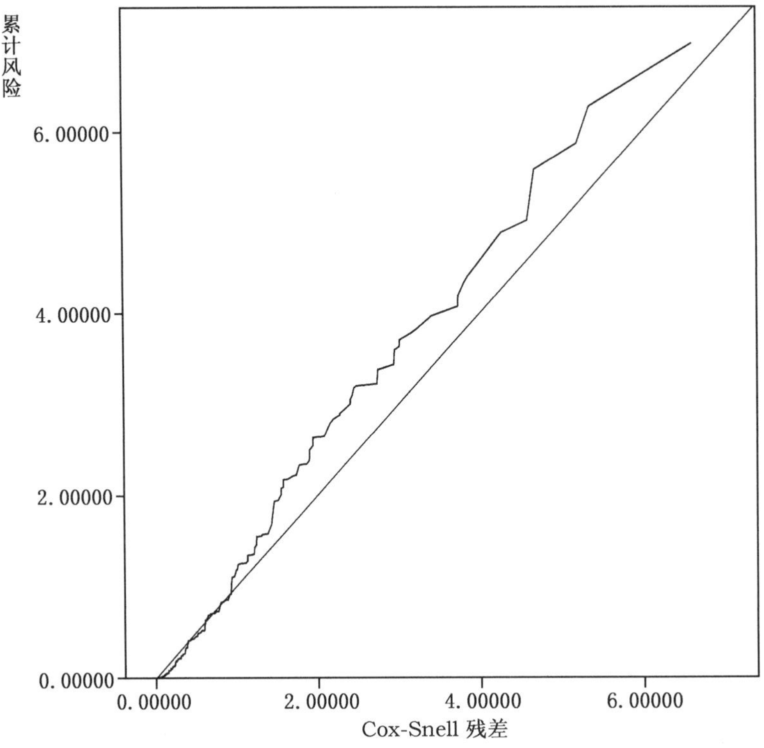

图 4—5　Cox-Snell 残差分析图

现二次项，或出现取对数等情况。为了对本书引入 Cox 比例风险模型的协变量的形式进行准确判断，本书引入了鞅残差(martingale residuals)对其进行检验。

(一)鞅残差(martingale residuals)

Cox 模型的计数过程表达式是一个类似于线性的模型，该模型计算事件在时间 t 是否发生：

$$\delta_i(t)=H_i(t)+M_i(t) \tag{4-7}$$

式中：$\delta_i(t)$代表模型观测部分的“计数”；$H_i(t)$为模型的“系统构成(成分)”；$M_i(t)$为“误差成分”。

在事件发生的确切时间之前，观测的模型计数部分等于 0，此后等于 1，

所以，该计数实际上等于删减指数变量的值。模型的系统部分等于在时间 t 的累积风险（时间 t 表示观测研究的部分）。最后，计数过程的误差部分也称为 Martingale，它的均值等于 0，两个观测间协方差等于 0。Martingale 的残差 M_i 可定义为由删失指数 $\delta_i(t)$ 确定的"已观测"事件指数与累计风险 $H_i(t)$ 给定的"期望"事件数之差，也就是：

$$M_i(t)=\delta_i(t)-H_i(t) \tag{4-8}$$

由于 Martingale 残差的期望为 0，当它与 0 有系统偏差时，可能显示不正确的函数形式。一般的方法是将鞅残差与省略的变量画图，并依据 lowess（局部加权散点图平滑）平滑 Martingale 残差。如果图形表现出以 0 为中心的水平线状态，那么函数的形式不需要调整。然而，如果残差关于某个协变量的图形是非线性的，那么表明这个协变量或许要用平方根、对数变换、二次项或高阶多项式代替。

（二）鞅残差检验

根据鞅残差原理，运用 SPSS 15.0 对江苏省建筑企业的数据进行鞅残差检验，得到的鞅残差检验结果如组图 4－6 所示：

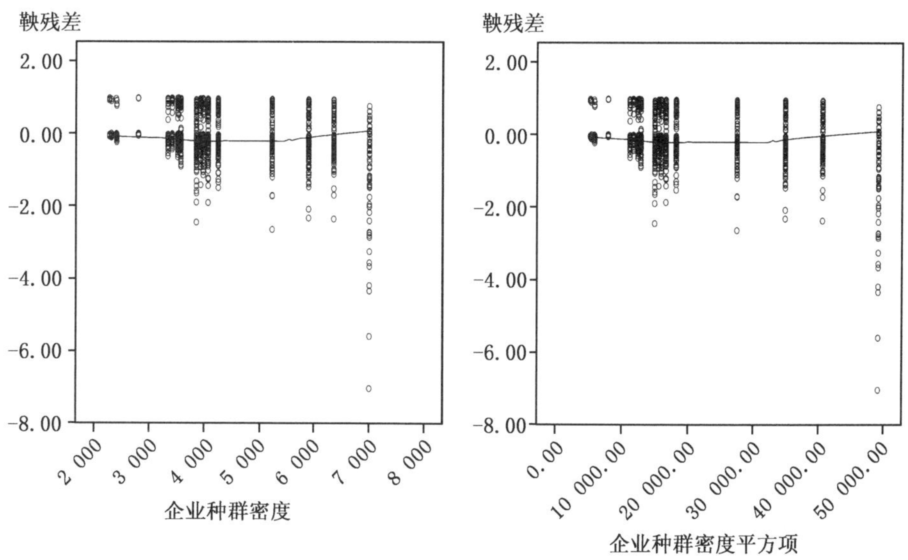

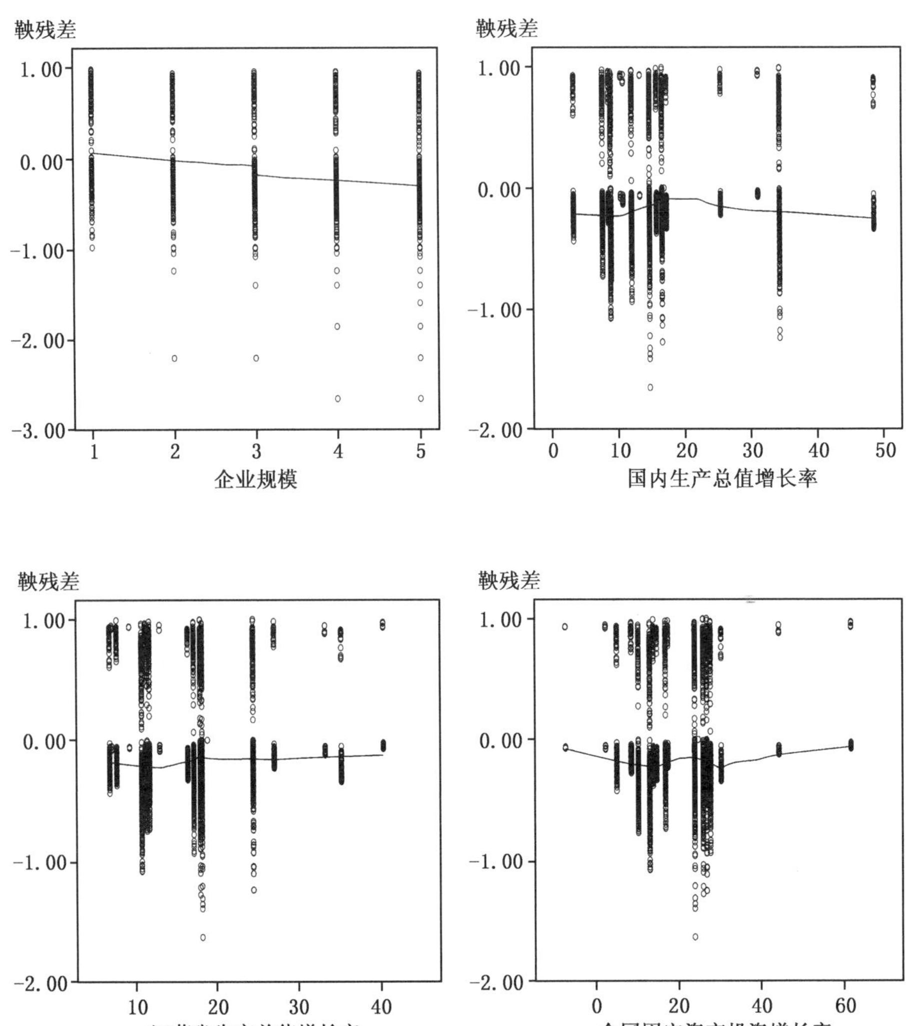
鞅残差
1.00
0.00
-1.00
-2.00
-3.00
1 2 3 4 5
企业规模
鞅残差
1.00
0.00
-1.00
-2.00
0 10 20 30 40 50
国内生产总值增长率
鞅残差
1.00
0.00
-1.00
-2.00
10 20 30 40
江苏省生产总值增长率
鞅残差
1.00
0.00
-1.00
-2.00
0 20 40 60
全国固定资产投资增长率

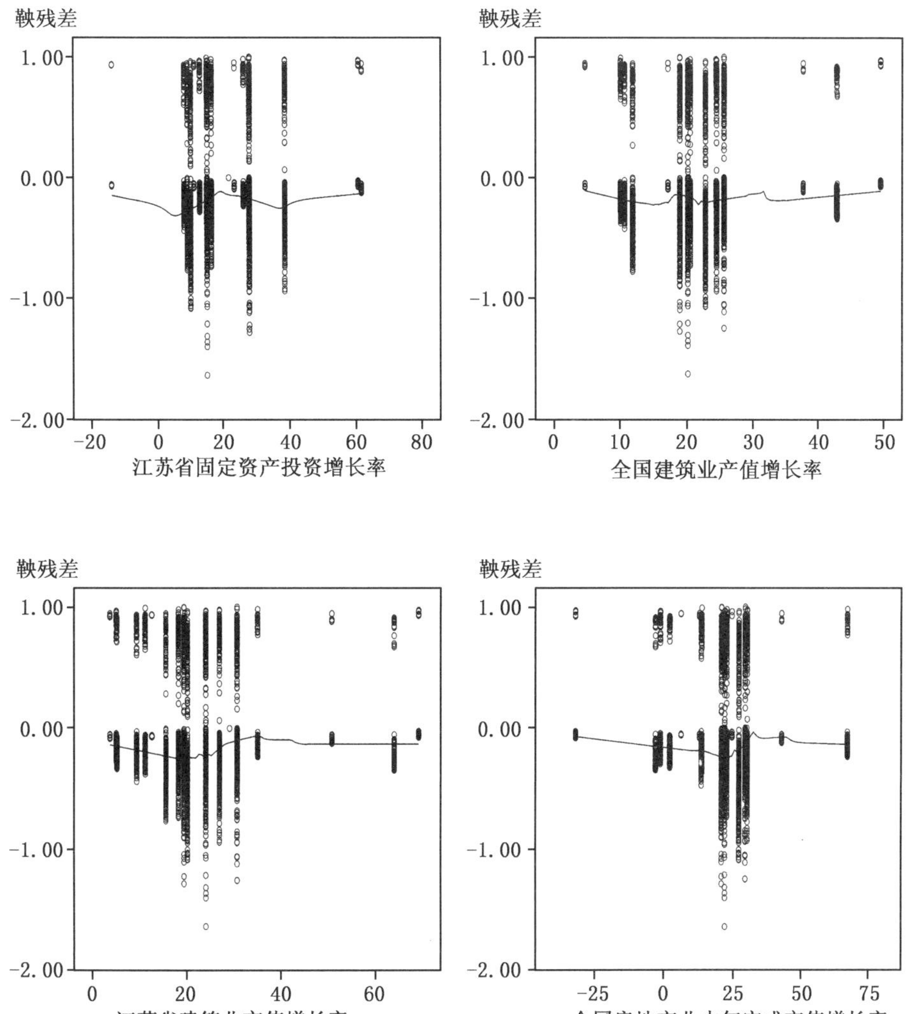
鞅残差
1.00
0.00
-1.00
-2.00
-20
0
20
40
60
80
江苏省固定资产投资增长率
鞅残差
1.00
0.00
-1.00
-2.00
0
10
20
30
40
50
全国建筑业产值增长率
鞅残差
1.00
0.00
-1.00
-2.00
0
20
40
60
江苏省建筑业产值增长率
鞅残差
1.00
0.00
-1.00
-2.00
-25
0
25
50
75
全国房地产业本年完成产值增长率

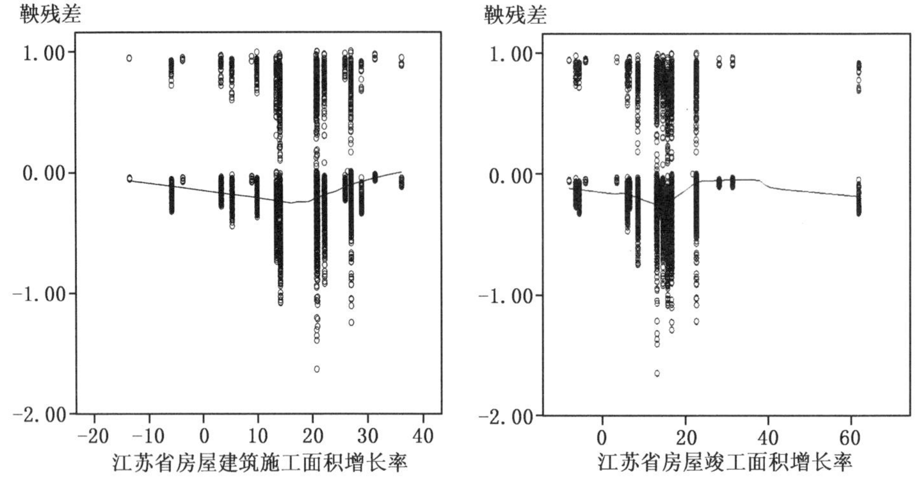

图 4—6 鞅残差分析

从图 4—6 中可以看出，协变量的 Martingale 残差图都相对平坦，都表现为以 0 为中心的一条直线，因此该图表明对 Cox 比例风险模型中的函数形式均为线性。

四、比例风险假设检验

如前所述，Cox 模型最大的特征之一即风险指数与协变量 X 相关，而与时间 t 无关。当出现与时间相关的协变量时，Cox 模型将不再满足比例风险的假设，这时需要使用扩展的 Cox 模型对其进行分析。本书中企业的生存时间为时间 t，为了确定其他变量是否与年龄相关，即是否是时变变量，本书采用 Schoenfeld 残差分析对模型协变量的比例风险假设进行检验。

(一)Schoenfeld 残差(杜本峰,2008)

Schoenfeld 残差是检验比例风险假设的基础，它是 1982 年由 Schoenfeld 引入的，是将风险集或总样本中所有有效非删失数据所对应的得分残差相加所得到的值。对于协变量 k 定义的 Schoenfeld 残差为：

$$S_{ki}(t)=\sum_{i=1}^{N}L_{ki}(t) \tag{4—9}$$

式中：$L_{ki}(t)$是 Therneau、Grambsch 与 Flemming 在 1990 年提出的得分残差，式中的 N 表示非删失数据的总数。Schoenfeld 残差可以看作观测值减去每个发生事件时间协变量的期望值。

Schoenfeld 残差最重要的特性是它能够评估比例风险假设。如果满足比例风险假设，Schoenfeld 残差与时间不相关，这意味着模型中的每一个变量将 Schoenfeld 残差与时间作图后，没有出现持续的趋势，如果 Schoenfeld 有一定的趋势，则表明预测变量的影响在随时间变化，任何可辨别的趋势都可能违背比例风险假设。为了辨别 Schoenfeld 残差是否与时间相关，除了可以将 Schoenfeld 残差与时间作图外，还可以计算 Schoenfeld 残差和时间的简单相关系数。如果相关系数为 0 且不具有统计显著性，那么满足比例风险假设；如果统计显著非零相关，则结论相反。本书选用 Schoenfeld 和时间的相关系数来验证协变量的比例风险假设。

(二)Schoenfeld 残差分析

通过 SPSS 15.0，本书先得到了有关模型各协变量的偏残差(partial residual)，在删除所有删失观测后，将各变量的偏残差与有序的生存时间进行相关性分析，得到的结果如表 4—1 所示：

表 4—1　　Schoenfeld 比例风险假设统计检验

	有序生存时间			有序生存时间	
	Pearson Correlation	Sig.		Pearson Correlation	Sig.
种群密度	0.178**	0.000	江苏省固定资产投资增长率	0.081	0.103
种群密度^2/1000	0.186**	0.000	全国建筑业产值增长率	−0.032**	0.000
企业规模	0.204**	0.000	江苏省建筑业产值增长率	0.078**	0.000
国内生产总值增长率	0.011	0.563	全国房地产本年完成投资增长率	0.112**	0.000
江苏地区生产总值增长率	0.057**	0.004	江苏省房屋建筑施工面积增长率	0.145**	0.000
全国固定资产投资增长率	0.115**	0.000	江苏省房屋建筑竣工面积增长率	0.054**	0.006

** Correlation is significant at the 0.01 level (2-tailed).

从表 4—1 中可以看出，在所有变量中，只有国内生产总值增长率和江

苏固定资产投资增长率不具有统计显著性，即这两个变量为非时变变量，而其他变量都为时变变量。因此，需要构建扩展的 Cox 比例风险模型，对包括时变变量在内的模型进行分析。

五、扩展的 Cox 比例风险模型分析

（一）时变变量

事件史分析中一些协变量的值会随时间的变化而改变，如经济增长率等，这种变量称为时变变量（time-varying covariates，TVC）。由于时变变量的引入，会使协变量的变化与时间 t 相关，进而导致 Cox 比例风险模型不满足之前的“比例风险”假设。根据前面的 Schoenfeld 残差分析可得，在所有的变量之中，除国内生产总值增长率和江苏固定资产投资增长率外其他变量均具有显著相关性，因此需对原模型进行改进，采用扩展的 Cox 比例风险模型对江苏省建筑业的密度依赖关系进行研究（彭非和王伟，2004；杜本峰，2008）。

（二）扩展的 Cox 比例风险模型

扩展的 Cox 比例风险模型的形式是（杜本峰，2008）：

$$h\big(t,X(t)\big)=h_0(t)\exp\Big[\sum_{i=1}^{p_1}\beta_i X_i+\sum_{j=1}^{p_2}\delta_j X_j(t)\Big] \tag{4—10}$$

其中，$X_1,X_2,\cdots,X_{p1}$是与时间独立的协变量，$X_1(t),X_2(t),\ldots,X_{p2}(t)$是与时间相关的协变量。扩展的 Cox 比例风险模型与一般的 Cox 比例风险模型一样，其系数估计仍然是最大似然估计法。与一般的 Cox 比例风险模型不同的是，扩展的 Cox 比例风险模型中的时变变量通常会表述为以下形式：

$$h[t,X(t)]=h_0(t)\exp\Big[\sum_{i=1}^{p}\beta_i X_i+\sum_{i=1}^{p}\delta_i X_i g_i(t)\Big] \tag{4—11}$$

式中：X_i 被称为主效应；$X_i g_i(t)$代表时变变量 X_i 与时间的交互作用项；$g_i(t)$有多种形式，一般常见的有 $g_i(t)=t$，$g_i(t)=\ln t$，以及 $g_i(t)=\begin{cases}0, & 若\ t\geqslant t_0\\ 1, & 若\ t<t_0\end{cases}$（赫维赛德函数，heaviside function）。

本书分别采用 $g_i(t)=t$ 和 $g_i(t)=\ln t$ 这两种方法对书中的时变变量进行处理，寻找江苏省建筑企业的发展与江苏省建筑业种群密度以及微观、宏观环境之间的关系。

根据扩展的 Cox 比例风险模型(4—11)以及密度依赖理论企业死亡率模型(4—1)，可得建筑企业的企业死亡率模型：

$$h(u)=h_0(u)\exp\left[\sum_{i=1}^{p}\beta_i X_i+\sum_{i=1}^{p}\delta_i X_i g_i(u)+\sum_{j=1}^{q}\partial_j Y_j\right] \quad (4-12)$$

式中：$h(u)$代表建筑企业在年龄 u 的死亡率；$h_0(u)$是有关年龄 u 的基准风险函数；X_i 表示协变量；$X_i g_i(u)$表示协变量 X_i 与年龄 u 的交互关系；Y_j 表示虚拟变量。这里，β_i、δ_i 和∂_j 是本书的目标。其中，对于非时变变量，$\delta_i=0$。

第四节　结果及分析

一、基于 Cox 比例风险模型的结果

表 4—2　　基于扩展的 Cox 比例风险模型的江苏省建筑业组织死亡率分析

变量名称	(1)　$g_i(u)=u$	(2)　$g_i(u)=\ln(u)$
种群密度	0.00479*** (0.00098)	0.00454*** (0.00098)
种群密度^2/1000	−0.00040*** (0.00009)	−0.00039*** (0.00009)
企业规模	−0.55180*** (0.02312)	−0.56140*** (0.02274)
国内生产总值增长率	−0.01374* (0.00678)	−0.01123* (0.00615)
江苏省地区生产总值增长率	−0.02406(0.02407)	−0.04926(0.02181)
全国固定资产投资增长率	0.10725* (0.04629)	0.09718* (0.04351)
江苏固定资产投资增长率	−0.00594(0.01420)	−0.01581(0.01341)
全国建筑业产值增长率	−0.03897(0.02267)	−0.02293(0.02027)
江苏省建筑业产值增长率	0.07336** (0.02280)	0.04589* (0.01906)
全国房地产本年完成投资增长率	0.09773*** (0.02054)	0.07638*** (0.01842)
江苏省房屋建筑施工面积增长率	−0.30701*** (0.07012)	−0.20756*** (0.06110)

续表

变量名称	(1) $g_i(u)=u$	(2) $g_i(u)=\ln(u)$
江苏省房屋建筑竣工面积增长率	0.10110*** (0.01959)	0.07874*** (0.01782)
删失数据虚拟变量	1.13235*** (0.28082)	1.19379*** (0.28564)
改革开放虚拟变量(1989～1997年)	0.91539** (0.35957)	0.98623** (0.36403)
国企改革虚拟变量(1998～2001年)	0.27939* (0.14643)	0.25073* (0.14630)
种群密度_年龄	−0.00092*** (0.00016)	−0.00296*** (0.00046)
种群密度^2/1000_年龄	0.00008*** (0.00001)	0.00026*** (0.00004)
企业规模_年龄	0.03251*** (0.00523)	0.13856*** (0.01951)
江苏省地区生产总值增长率_年龄	−0.02807*** (0.00664)	−0.07825*** (0.01991)
全国固定资产投资增长率_年龄	−0.02885** (0.01049)	−0.08769** (0.03001)
全国建筑业产值增长率_年龄	0.02675*** (0.00625)	0.08014*** (0.01853)
江苏省建筑业产值增长率_年龄	−0.03352*** (0.00781)	−0.09389*** (0.02211)
全国房地产本年完成投资增长率_年龄	−0.02862*** (0.00575)	−0.07805*** (0.01660)
江苏省房屋建筑施工面积增长率_年龄	0.12467*** (0.02160)	0.33988*** (0.06300)
江苏省房屋建筑面积竣工面积增长率_年龄	−0.02709*** (0.00542)	−0.07197*** (0.01608)
Likelihood Chi-square Ratio	2113.611	2168.742
自由度	27	27
数据个数	8195	8195

注:括号内为标准差。

* $p<0.05$, ** $p<0.01$, *** $p<0.001$。

基于扩展的Cox比例风险模型,应用软件SPSS 15.0,得到有关江苏省建筑业密度依赖分析的结果如下文所示。

二、结果分析

通过分析可以看出,两个有关组织死亡率的模型所得出的结果较为相似。其中“××_年龄”表示时变变量与组织的年龄交互关系的系数。

(一)密度依赖理论验证分析

从表4-2中可以看出,种群密度的一次项和二次项系数都在0.001的显著水平下表现为显著,可以看出江苏省建筑企业的死亡率确实受到种群密度的影响。然而种群密度的一次项和二次项系数却表现为与预期相反的符号。从表 4—2 中可以看出，一次项系数 $\alpha_1>0$，而二次项系数 $\alpha_2<0$，表明江苏省建筑企业密度依赖过程表现出一定的特殊性。

图 4—7 为根据模型(1)$g_i(u)=u$ 得出的死亡率乘数图，可以看出其呈倒 U 形分布，即组织的死亡率先是随种群密度的上升而增加，随即又随种群密度的增加而下降。这里的乘数被定义为(D 表示种群密度)：

$$R=\exp(0.00479D-0.0004D^2/1000)/\exp(0.00479D_{\min}-0.0004D_{\min}^2/1000) \tag{4—13}$$

从图 4—7 中可以看出，在 1989～2007 年间，江苏省建筑业的种群密度在 2 000～8 000 之间分布。在企业的种群密度到达 3 000 之后，也即 1994 年之后，种群的死亡率快速上升；至种群密度达到 6 000 时，即 2005 年，种群死亡率达到顶峰，此时的死亡率乘数接近 80。可以看出，江苏省建筑业的死亡率并没有受到合法性作用的影响，从 1989 年开始，就受到竞争性作用的支配，并且这种竞争性作用有不断加强的趋势。虽然在种群密度达到 6 000 之后，死亡率有小幅的下降，但这可能是受到种群快速扩张，由于基数变大而引起的死亡率下降，而江苏省建筑企业死亡的绝对数量仍呈现不断扩大的趋势。

然而，从表 4—2 中还可以看出，密度依赖模型的一次项和二次项均为时变变量，它们与组织年龄 u 具有一定的关系。以模型(1)$g_i(u)=u$ 为例，考虑了时变变量与组织年龄的关系，死亡率乘数的公式变为：

$$R=\frac{\exp[(0.00479-0.00092t)D-(0.0004-0.00008t)D^2/1000]}{\exp[(0.00479-0.00092t)D_{\min}-(0.0004-0.00008t)D_{\min}^2/1000]} \tag{4—14}$$

可以看出，随着组织年龄的变化，死亡率乘数的值也会随之改变。图 4—8和图 4—9 为组织年龄 1～11 的死亡率乘数。在图 4—8 中，一次项系数 $\alpha_1>0$，而二次项系数 $\alpha_2<0$。可以看出，死亡率乘数的曲线越来越平缓，说明密度依赖作用的影响随着组织年龄的增长而逐步减弱，当年龄等于 5 时，

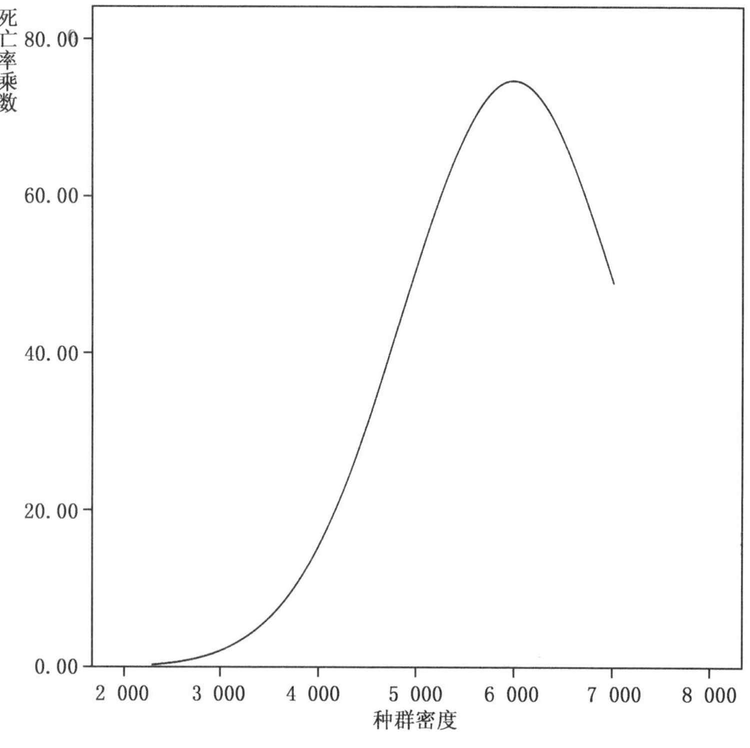

图 4—7　死亡率乘数图

曲线已经接近于一条直线。随后,死亡率乘数开始呈现出 U 形曲线,如图 4—9所示。此时,一次项系数 $\alpha_1<0$,而二次项系数 $\alpha_2>0$,说明此时组织的死亡率先随密度的增加而下降,在密度达到 5 000 左右时,死亡率开始随密度的增加而逐步增长。然而,在图 4—9 中,密度依赖的作用仍然延续了之前随组织年龄增长而逐步减弱的趋势,在年龄等于 11 之后,密度依赖的作用变得非常微弱,因此在图 4—9 中将其忽略。

通过前面的分析,可以总结出:首先,密度依赖的作用随着组织年龄的增长而逐步减弱,表明组织的年龄可以在一定程度上消除密度依赖过程对江苏省建筑企业死亡率的影响。这可能是由于存在时间较长的企业相较于新成立企业具有更多的经验以及良好的社会关系,它们在产业中的地位更

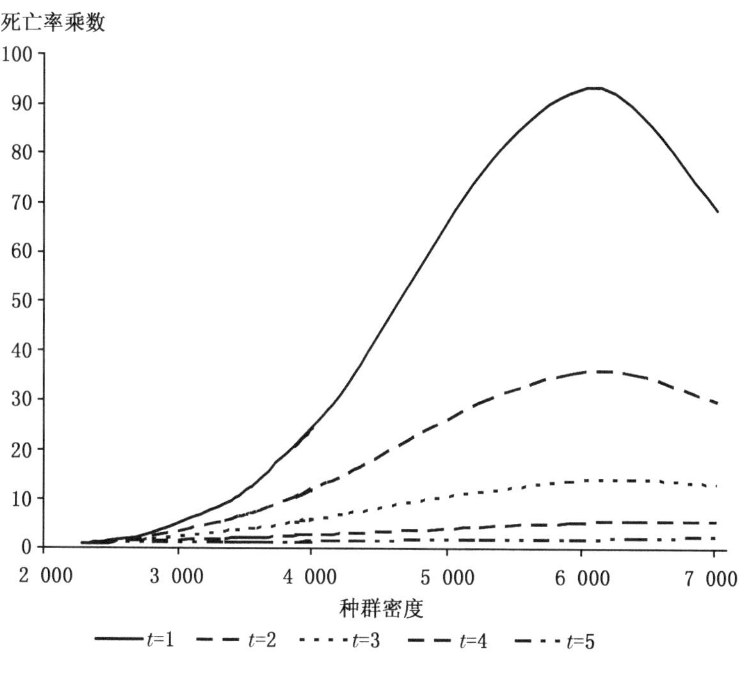

图 4—8 死亡率乘数($t=1$ 至 $t=5$)

加稳固,因此在激烈的竞争中更易于生存下来。其次,本研究发现,虽然密度依赖过程的主效应呈现倒 U 形分布,然而在考虑了与时间的交互作用后发现,在企业年龄到达 5 年之前,企业死亡率与种群密度之间的关系呈现倒 U 形分布,而在企业年龄大于等于 5 年之后,企业的死亡率与种群密度之间呈现 U 形分布。表明对于新成立的建筑企业,竞争在整个产业演化过程中起到主要的作用,而对于产业中发展较为成熟的企业,合法性和竞争性一起作用于企业,使企业呈现 U 形分布趋势,虽然这一共同作用会随着组织年龄的增大而趋于弱化。

(二)企业自身因素对企业死亡率的影响

1. 企业年龄对企业死亡率的影响

从图 4—10 中可以看出,企业在各年龄阶段的死亡率分布大致相当。

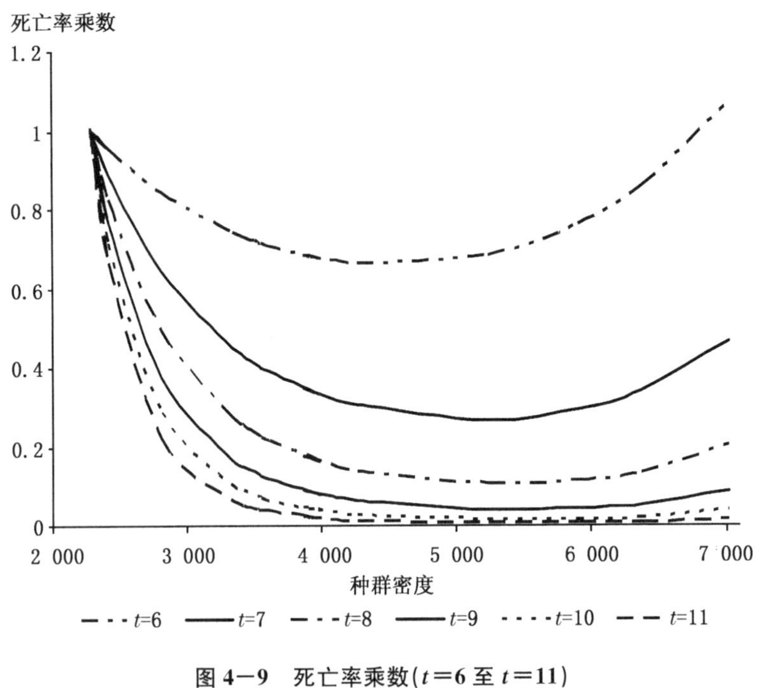

图 4—9　死亡率乘数($t=6$ 至 $t=11$)

但可以看出企业在第一年和第二年的死亡率略高于其他年龄的死亡率，表现出个体企业年龄对企业死亡率的影响，验证了第二章年龄依赖理论中的新进入缺陷。Stinchcombe(1965)认为，年轻的企业较不稳定，它们具有较高的死亡风险。因为它们需要学习适应社会的新角色，建立企业在市场上的形象，而与此同时，新的企业在资源上又受到了一定的限制，而且新的企业一般被认为缺少广阔的根基和市场认可度。从本书对江苏省建筑企业的研究看出，该产业也具有一定的新进入缺陷，表明不同企业的年龄和其发展阶段对其死亡率的影响。

2. 企业规模对企业死亡率的影响

从表 4—2 中可以看出，企业自身因素对企业死亡率显然有显著的影响。通过表 4—2 中模型(1)的分析结果可以看出，企业的规模每扩大一个类别，企业的死亡率将为前一类别的 0.575912。说明企业规模越大，企业面

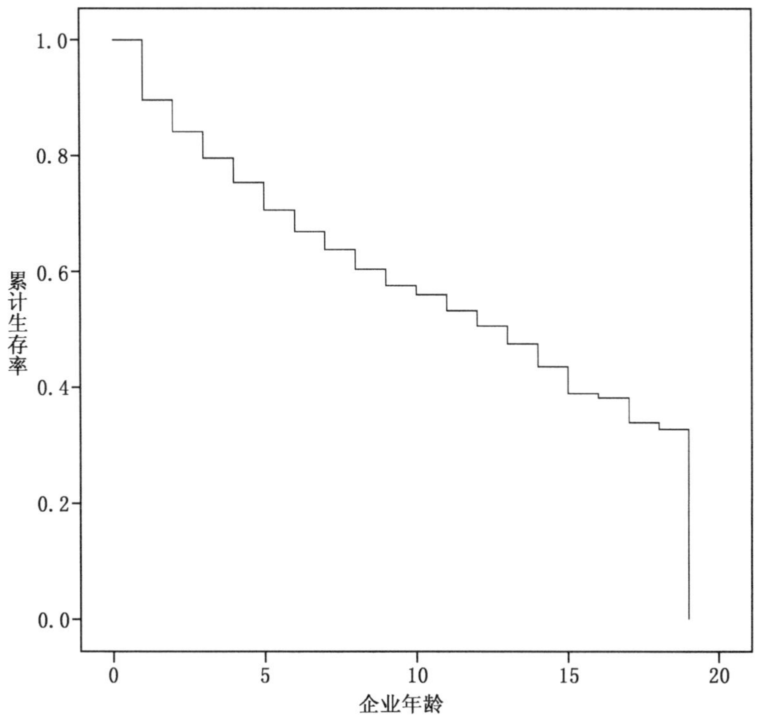

图 4—10　基于协变量均值的生存曲线

临的死亡风险越小，这也可以从图 4—11 中看出。

图 4—11 为不同规模企业的生存曲线。可以看出，类别为 5 的特大型企业的生存状况最好，其在各年龄段的累计生存率明显高于其他类别企业。而类别为 1 的小型企业的生存情况最差，企业的死亡率较高。尤其是在企业成立的前两年，小型企业的死亡率远远高于其他类别企业的死亡率。而在其他年龄段，各年龄段间的死亡率差别逐步缩小，说明江苏省小型建筑企业在创业初期的死亡率较高，这也符合其他学者所研究的一般规律。Hannan 和 Freeman 认为，大型企业比小型企业更易生存，因为大型企业在结构和企业资源上更加稳定，具有更强的抗风险能力。而小型企业由于存在难以融资、难以吸纳和教育人才、更高的利息支付以及行政管理成本等问题，

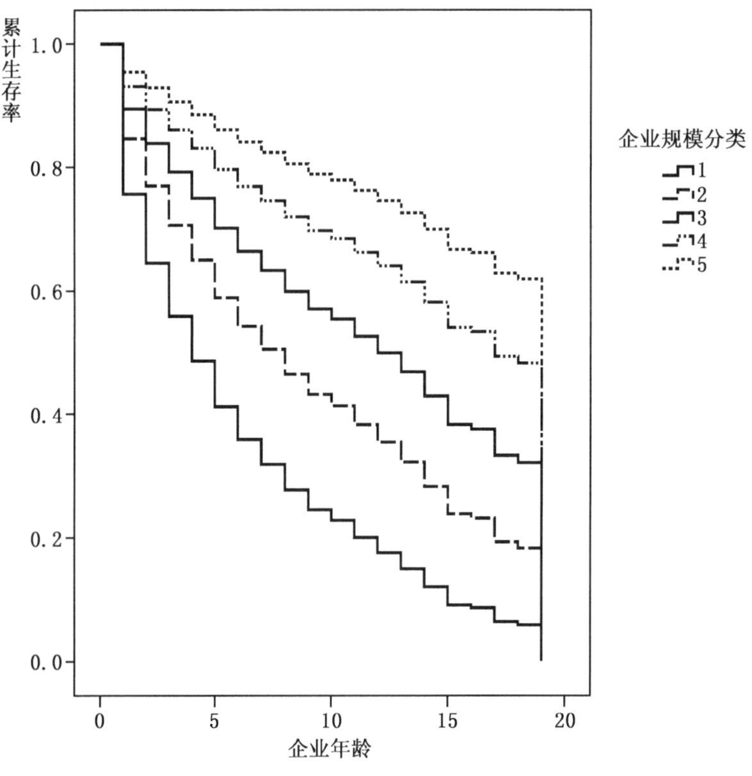

图 4—11 不同企业规模的生存曲线

因此比大型企业具有更高的死亡风险率，这也验证了第二章中的规模依赖理论(Singh 和 Lumsden，1990)。Aldrich 等人(1986)认为，因为小型组织在获得资金、劳动力和抵抗风险能力方面较差；而规模较大的组织具有更大的结构惯性，因此其死亡风险较低。

通过表 4—2 还可以发现，两个模型中的企业规模都是时变变量，其与年龄 u 的交互作用的系数均显著，并且为正。可以得出，江苏省建筑企业规模对企业死亡率的影响随着企业年龄的增长而逐步减小。这也验证了 Hannan 等(1998)得出的结论：企业规模对死亡率的影响会随着年龄组别的变化而变化。可以认为，较为成熟的小型建筑企业以其多年的经营经验以及社会关系，抵消了一部分其作为小企业所带来的弊端，因此它们的死亡率低于新进入产业的小型企业的死亡率。

(三)宏观环境因素对企业死亡率的影响

从表 4－2 中可以看出，宏观环境因素与江苏省建筑业的种群密度一起，对江苏省建筑业的企业死亡率产生了影响。除江苏省地区生产总值增长率、江苏固定资产投资增长率和全国建筑业产值增长率几个指标以外，其他大多数宏观环境因素均对江苏省建筑企业的死亡率产生了影响。其中，国内生产总值(GDP)显示其系数显著并且为负，表示中国的经济增长可以降低建筑企业的死亡率。除此之外，江苏省房屋建筑施工面积增长率也统计显著并且为负，但是其是时变变量，且与年龄的交互作用系数为正，表示虽然房屋建筑施工面积的增长率可以在一定程度上降低建筑企业的死亡率，但是这种作用将随着企业年龄的增大而逐步降低。

此外，其他统计显著的宏观环境因素，包括全国固定资产投资增长率、江苏建筑业产值增长率、全国房地产本年完成投资增长率和江苏省房屋建筑竣工面积增长率都表现出与预期相反的结果，这些指标的系数均为正，表现出其增长反而加速了建筑业企业死亡率的提高。值得注意的是，这些因素都为时变变量，从表 4－2 中可以看出，其与年龄的交互系数均为负。这就说明投资的增长、产业的发展以及房地产市场的繁荣提升了年轻企业的死亡率，而在另一方面，降低了成熟企业的死亡率，这一分界线在年龄为 2～4 年。可以推断，由于宏观经济的发展为产业中成熟的企业提供了良好的发展氛围，这些企业的快速发展逐步提高了产业的准入门槛，为新企业的进入和生存带来了更高的风险。

最后，从有关改革开放和国有企业改革的两个虚拟变量上可以发现，国家的宏观政策也对建筑企业的死亡率起到了影响作用。然而，根据结果显示，改革开放虚拟变量的符号为正，这表示改革开放提高了建筑企业的死亡率，这是与预期相反的结果。本研究推断，改革开放这一政策在为企业带来更多机会的同时，也为企业带来了较多的风险和不确定性因素，因此会提升建筑企业的死亡率。

参考文献

[1]Aldirich, H.E., Auster, E.R. "Even dwarfs started small: Liabilities of age and size and their strategic implications". *Research in Organizational Behavior*, 1986(8): 165—198.

[2]Barnett, W.P., Amburgey, T. "Do larger organizations generate stronger competition?". In J.Singh(Ed.), *Organizational evolution: New directions*, 1990.

[3]Blossfeld, H.P., Rohwer, G. *Techniques of Event History Modeling New Approaches to Causal Analysis*. London: Lawrence Erlbaum Associates, 2002.

[4]Bogaert, S., Boone, C., Carroll, G.R. "Contentious legitimacy: Professional associations and density dependence in the Dutch audit industry". *Research paper*, 2006(1944): 1884—1939.

[5]Carroll, G., Hannan, M.T. "On using institutional theory in studying organizational populations". *American Sociological Review*, 1989(54): 524—541.

[6]Carroll, G.R. "Long-term evolutionary change in organizational populations: Theory, models and empirical findings in industrial demography". *Industrial and Corporate Change*, 1997, 6(1): 119—143.

[7]Carroll, G.R., Hannan, M.T. "Density dependence in the evolution of populations of newspaper organizations". *American Sociological Review*, 1989, 54(4): 524—541.

[8]Carroll, G.R., Preisendoerfer, P., Swaminathan, A., Wiedenmayer, G. "Brewery and brauerei: the organizational ecology of brewing". *Organization Studies*, 1993, 14(2): 155—188.

[9]Carroll, G.R., Swaminathan, A., "Density dependent organizational evolution in the American brewing industry from 1633 to 1988", in Techn.Rep.OBIR—35.1989, University of California.Berkeley: California.

[10]Delacroix, J., Swaminathan, A., Solt, M.E. "Density dependence versus population dynamics: An ecological study of failings in the California wine industry". *American Sociological Review*, 1989, 54(2): 245—262.

[11]DiMaggio, P.J., Powell, W.W. "The iron cage revisited: Institutional isomorphism and collective rationality in organizational fields". *American Sociological Review*, 1983(48): 147—160.

[12]Geroski, P. A. "Exploring the niche overlap between organizational ecology and industrial economics". *Industrial and Corporate Change*, 2001, 10(2): 507.

[13]Hannan, M. T. "Organizational population dynamics and social change". *European Sociological Review*, 1988(14): 1—30.

[14]Hannan, M. T., Carroll, G. *Dynamics of Organizational Populations: Density, competition, and legitimation*. New York: Oxford University Press, 1992.

[15]Hannan, M. T., Carroll, G. R., Dobrev, S. D., Han, J. "Organizational mortality in European and American automobile industries part I: Revisiting the effects of age and size". *European Sociological Review*, 1998, 14(3): 279—302.

[16]Hannan, M. T., Carroll, G. R., Dobrev, S. D., Han, J., Torres, J. C. "Organizational mortality in European and American automobile industries part II: Coupled clocks". *European Sociological Review*, 1998, 14(3): 303—313.

[17]Hannan, M. T., Freeman, J. *Organizational Ecology*. MA: Harvard University Press, 1989.

[18]Meyer, J. W., Rowan, B. "Institutional organizations: Formal structure as myth and ceremony". *American Journal of Sociology*, 1977(83): 340—363.

[19]Meyer, J. W., Scott, W. R. *Organizational Environments: Ritual and Rationality*. Beverly Hills, California: Sage, 1983.

[20]Rao, H. "The social construction of reputation: Gontests, credentialing and legitimation in the American automobile industry, 1985—1912". *Strategic Management Journal*, 1994(15): 29—44.

[21]Singh, J. V., Lumsden, C. J. "Theory and research in organizational ecology". *Ann. Rev. Social*, 1990(16): 161—195.

[22]Stinchcombe, A. L. "Social structures and organizations", in *Handbook of Organizations*, J. G. March, Editor. 1965, Rand McNally: Chicago.

[23]Tucker, D. J., Singh, J. V., Meinhard, A. G., House, R. J. "Ecological and institutional sources of change in organizational populations". In Carroll, G. R. (ed). *Ecological Models of Organizations*, 1988.

[24]Zucker, L. G. "Combining institutional theory and population ecology: no legitimacy, no history". *American Sociological Review*, 1989, 54(4): 542—545.

[25]左学金.事件史分析及其实际应用[J].数量经济技术经济研究，1995(4)：72－74.

[26]彭非，王伟.生存分析[M].北京：中国人民大学出版社，2004.

[27]杜本峰.事件史分析及其应用[M].北京：经济科学出版社，2008.

[28]米红，曾昭磐.事件史分析方法介绍[J].人口与经济，1997(3)：47－52.

[29]郭志刚.历时研究与事件史分析[J].中国人口科学，2001(1)：67－72.

第五章

密度依赖过程对企业国际化的影响

从2001年加入世界贸易组织以来，中国企业的国际化进程不断加快，从国际化企业数目到国际化投资额和营业额都大幅增长，并在国际市场上取得了举世瞩目的成绩。中国企业国际化的快速发展也获得了学术界的广泛关注，然而却很少有学者从组织生态学的视角对中国企业的国际化问题进行研究。目前的组织生态学研究仍主要局限于组织的创建和死亡的过程研究方面，但我们认为，企业的国际化是企业发展、企业变革的一种重要方式，同时企业国际化创业又是一种类似于创业的过程，其与环境和种群的演化都具有密切的关系。

本研究将组织生态学中密度依赖理论的内容运用到企业国际化的研究中，其中我们认为企业国际化的合法性来自内部和外部合法性过程。此外，竞争性也将作为重要的推动因素，推动本地企业的国际化过程。通过运用中国制造业(1998～2007年)的数据，我们选取了传统制造业、纺织业和先进制造业、电子及通信设备制造业进行研究，发现内部和外部合法性、竞争性的外溢效应确实对企业的国际化产生了影响，然而这种影响在产业间存在着差异。其中，传统产业的企业国际化更容易受到同行业外溢效应的影响。但是，高新技术产业的企业较难受到同产业合法性和竞争性外溢效应的影响。随后，我们证明了高新技术产业的合法性和竞争性外溢的效果受到企业个体因素的影响。

第一节 密度依赖过程与企业国际化

企业国际化是企业的重要发展战略之一，是反映企业参与全球竞争的重要标志。长期以来，众多学者对企业国际化的驱动因素进行了研究。交易成本理论将全球化归因于货物、知识以及资本市场中间交易的不完善。他们认为，企业通过国际化，可以减少这些中间交易的过程，从而以更低的成本获取这些资源（Chan 等，2006；Teece，1986）。而产业组织的研究则认为，企业国际化是对国内激烈竞争和富有吸引力的国外市场的一种回应。国内激烈的竞争可以促使企业在国际市场上寻求适合其生存的市场（Ito，1997）。此外，知识管理的相关研究认为，企业国际化是跨国传输知识的一种非常有效的途径（Gupta 和 Govindarajan，2000；Kogut 和 Zander，1993）。资源基础理论认为，企业的全球化行为与企业的有形及无形资产相关，这些资源可能影响企业在国际市场的表现（Meyer 和 Peng，2005；Tseng 等，2007）。

然而，企业的国际化决定不仅仅是个体的行为，还受到其他组织的影响。组织生态学认为，组织的国际化决策也受到密度依赖过程的影响，即受到种群密度代表的合法性和竞争性两种作用的共同影响。自从 Martin 等（1998）和 Guillen（2002）的研究以来，越来越多的学者研究发现这种组织间的相互作用关系对企业国际化决策具有一定的影响作用。然而，前人的研究多关注东道国种群密度对企业进入和退出的影响（Guillen，2002；Henisz 和 Delios，2001；Kostova 和 Zaheer，1999），作为企业国际化之前的重要舞台，母国环境对企业国际化的决策和国际化的发展同样重要。母国内企业密度的增长和随之而来的产业竞争可以被看作推动企业寻找新市场、促进企业国际化的“诱因”（Coeurderoy 和 Murray，2008；Kirca 等，2012）；母国内进行国际化拓展的企业数目的增多也将增加后续企业国际化战略的“合法性”；而母国环境内外资企业的集聚也将增强本地企业与国际市场的联系，培育本地企业的国际化视角，为本地企业的国际化道路提供“合法性”支持。

此外，密度依赖的研究者们认为，产业密度在空间维度上是异质的，忽略地区产业密度的异质性及其对组织诞生的不同影响作用，将产生错误的推论(Baum 和 Amburgey，2002)。因此，在密度依赖理论的基础上又逐步衍生出空间密度依赖理论。空间密度依赖理论强调空间的差异性及不同空间范围内产业密度对组织创建和死亡的影响，认为产业不是孤立的，某地区产业的合法性和竞争性都将对其周边地区产生外溢效应。此外，我们认为，不同的产业之间由于产业链的关联，也将产生合法性和竞争性的外溢效应。在本研究中，通过地理和产业路径的合法性和竞争性的外溢效应是否会对企业的国际化产生影响，也将是我们关注的焦点之一。

综上所述，本研究将以最大的新兴经济体中国为背景，研究新兴经济体中不同种群的密度依赖过程对企业国际化的影响作用。

第二节　研究假设

一、合法性

合法性一般被认为是一种特殊的新组织形式被其环境接受的过程。一个新的组织形式在其成立的早期可能缺乏合法性的支持，表示这种组织形式在收集和利用资源(如资金、技术)方面存在一定的难度，缺少与利益相关者的联系(如消费者、供应商和员工)，并未被外界所认可(Carroll，1997)。由于公司的国际化行为也可以看作一种新的组织行为，因此也受到合法性过程的影响。Kostova 和 Zaheer(1999)将企业国际化的合法性(legitimacy of internationalization)定义为企业同时被它的“国际大环境”，即母国环境(home country environment)和东道国环境(host country environment)所接受。根据这种定义，我们将企业国际化合法性的两种来源分别定义为内部的国际化合法性和外部的国际化合法性。

二、内部的国际化合法性与国际化

长期以来，经济学家始终认为本地企业能够通过技术扩散等方式从进驻本地的外资企业方面获益，从而促进它们自身绩效的提高(Chang 和 Xu，2008；Hejazi 和 Safarian，1999；Sinai 和 Meyer，2004；Taymaz 和 Ozler，2007)。然而，很少有研究关注到外资企业能够通过提升本地企业的国际化合法性来促进本地企业的国际化行为。我们将这种由外资企业带来的国际化合法性定义为内部的国际化合法性(Inward legitimacy)。

内部的国际化合法性主要通过以下几个途径促进企业的国际化：

首先，在企业国际化方面，尤其是新兴经济体的企业国际化扩张之初，国际市场信息和先进的技术通常是最稀缺的资源(Martin、Swaminathan 和 Michell，1998)。然而，当环境中外商企业的种群密度较高时，本地企业较为容易通过与外资企业的合作或竞争获得先进的生产和管理技术，使它们更容易进入国际市场(Chang 和 Xu，2008)。此外，外资企业进入的同时也带来了有关国际市场的信息，开拓了本地企业的眼界，使它们更容易突破国与国之间的边界，从而开展跨国经营(Luo 和 Tung，2007)。

其次，对于较少接触国外市场的企业，它们的企业网络仍然主要局限于国内，这暗示着较高的国际扩张壁垒(Wood 等，2011)。然而，在外资企业种群密度较高的环境中，企业更多地暴露于国际化的环境中，有更多的机会去建立跨越国界的关系网络(Ellis，2011)。Luo 和 Tung(2007)指出，与外资企业的合作，把本地企业更紧密地整合到了全球化的进程当中。例如，本地企业通过与外资企业的合作，有可能与外商合作者的顾客、供应商、合作者建立国际化的关系网络，从而促进自身的国际化进程。而在外商企业种群密度较高的环境中，企业更容易获得这样的机会。

再次，如 Zaheer(1995)、Kostova 和 Zaheer(1999)所述，企业国际化的合

法性过程同时包括了母国环境的合法性过程和东道国环境的合法性过程，即企业需要同时获得国际大环境的合法性。因此，在母国和东道国被接受和认可对于企业的国际化进程而言同样重要（Li 等，2007）。对于来自新兴经济体的企业而言，如何在国际市场中被认可和接受，显然是其国际化进程中所遇到的关键问题。通过与进驻本地的外资企业的合作，企业在进入国际市场之前就有可能获得东道国的认可，从而获取国际化的合法性。例如，来自印度的 Ranbaxy 公司，由于在没有国际化之前就与在印度当地的美国企业建立了紧密的联系和合作关系，因此其在进驻美国市场之前就在该市场获得了很高的认可度，从而促进了其在美国市场的发展。

综上所述，我们认为，外资企业的种群密度通过带来内部的国际化合法性，将在一定程度上促进本地企业的合法性进程。同时，内部的合法性过程可以通过很多渠道来扩散。第一，很多研究发现了 FDI 的技术和信息扩散效应，这将促进内部合法性的扩散（Chang 和 Xu，2008）。第二，本地企业之间的关系网络将使本地企业更容易加入国际关系网络中，进而促进内部国际化合法性的扩散（Ellis，2011）。第三，企业在某一市场中获得合法性的认知将促进与该企业来自同一区域或同一产业的企业在该市场获得合法性。例如，一旦中国企业在某个国际市场获得良好的声誉，与该企业来自同一地区或同一产业的中国企业也有可能在该市场中获得良好的市场认可度。综上所述：

假设 1：行业的国际化率将随着同地区同行业（SRSI）的内部国际化合法性、同地区不同产业（SRDI）的内部国际化合法性和不同地区同产业（DRSI）的内部国际化合法性的增强而增加。

三、外部的国际化合法性与国际化

根据前人的研究结论，我们认为先前的国际化企业种群密度将对与之有相似背景的企业产生合法化的影响作用，我们将这种由母国环境中先前的国际化企业种群密度带来的合法性定义为外部的国际化合法性。首先，已有的国际化行为被认为给后来的企业建立了获取国际信息和先进技术的通道。通过与已有国际扩张经验的企业建立关系网络,本地企业能够更方便地获取国际市场信息,了解国际市场的动态(Ellis,2011),赢得有关国际经营的隐性知识(Eriksson 等,1997),建立国际市场观(Chen,2003)。Gimeno 等(2005)也指出,即使与进行国际化行为的企业没有直接的关系,企业仍然能够通过间接学习的方法感受到其他公司的行为,并通过这种学习改善自身的行为和绩效。

此外,密度依赖理论指出,当一个新的组织被引入时,较低的或缺失的合法性将意味着社会关系网络的缺失。例如,来自新产业的企业需要培育供应商和顾客,培训员工,并建立和政府及其他外部组织的关系(Carroll,1997)。对于来自新兴经济体的企业,想要进行国际化扩张也要经历这样一个过程。而已有国际化企业密度的增加将会为后续的国际化企业提供更多熟练的员工、更牢固的经销商关系以及更成熟的消费者和市场(Ellis,2011;Sapienza 等,2005),这将加强后续企业国际化的合法性。

除此之外,密度依赖理论还指出,一个新的组织形式可能不能马上被其外部环境所接受,表明了合法性在这一环境的缺失(Hannan 和 Carroll,1992)。然而,这种合法性的缺失将随着企业种群密度的加大得到改善(Gimeno、Hoskisson、Beal 和 Wan,2005)。

根据有限理性理论,企业更有可能模仿和自己相近的企业,从和自己相似的企业身上获取知识、学习技能(Chang 和 Xu,2008;Li、Yang 和 Yue,2007)。此外,当制度环境评价一个特定企业的合法性时,它将参考与这个企业类似企业的合法性程度(Kostova 和 Zaheer,1999)。外部的合法性过程也遵循这一规律。因此,综上所述:

假设 2:行业的国际化率将随着同地区同行业的外部国际化合法性、同地区不同产业的外部国际化合法性和不同地区同产业的外部国际化合法性的增强而增加。

四、竞争与国际化

密度依赖理论指出，产业内种群密度的增加将加剧企业之间的竞争。当一个产业中这种竞争作用占主导地位时，产业内企业死亡率将上升，而企业的建立率将下降（Hannan 和 Freeman，1989）。为了避免密度依赖理论中的“死亡选择”，公司很有可能将它们关注的市场重心转入新的市场。在一个存在高度地方主义保护和不完善的市场制度的新兴经济体的市场中，跨越国内区域市场的成本可能高于跨越国界壁垒的成本（Boisot 和 Meyer，2008；Wood、Khavul、Perez - Nordtvedt、Prakhya、Dabrowski 和 Zheng，2011），这使来自这一地区的企业宁愿将国际市场而不是与之相邻的本国市场作为自己新的市场选择。竞争被认为是促使这些企业国际化的重要因素之一。这些企业将在国际市场上寻求新的销售和利润的增长点。同时，为了应对激烈的本地竞争，企业国际化被认为是获取战略资源的一种重要方式。Luo 和 Tung（2007）指出，通过进行国际化，企业获得重要的、不能在本地市场上获得的战略资源，使其能够在本地企业的激烈竞争中更加具有竞争优势。因此，从机会寻求和资源寻求的视角来分析，竞争会刺激企业的国际化。

与内部的国际化合法性和外部的国际化合法性类似，竞争也会扩散。竞争在种群中的扩散将随着资源相似性的增强而加强（Hannan 等，2007）。相同的地理范围是引起竞争扩散的重要因素（Chan、Makino 和 Isobe，2006；Li、Yang 和 Yue，2007）。而同时，相同的产业也是竞争扩散的另一主要渠道。因为处于同一产业的企业通常都有直接的竞争关系。综上所述：

假设 3：行业的国际化率将随着同地区同行业的竞争性、同地区不同产业的竞争性和不同地区同产业的竞争性的增强而增加。

第三节　研究方法与数据

一、研究背景

本研究将主要基于中国制造产业，通过前文有关中国制造业的综述可知，中国制造业企业的出口率较高，并且通常在企业成立的短时间内就有出口行为。此外，由于种群密度较大、产业集中度较低，企业之间的竞争非常激烈。在这样的背景下，我们选取了制造业中的两个典型产业——纺织产业(产业代码:17)和电子及通信设备制造业(产业代码:41)——作为本书的研究对象。这两个产业分别代表了中国制造业中的传统产业和高新技术产业。其中，在 2011 年，纺织产业的产值达到了 32 652.99 亿元，占当年中国工业总产值的 3.87%；而电子及通信设备制造业 2011 年的产值为 63 795.65 亿元，占当年中国工业总产值的 7.56%。如表 5－1 所示，两个产业的种群密度都较高，表明产业内竞争较为激烈。根据密度依赖理论的假设，目前这两个产业处于被竞争性所支配的阶段，即产业内企业的成立率下降，死亡率上升。同时，从表 5－1 中还可以看出，纺织产业和电子及通信设备制造业的出口企业总数和外资企业总数都较高，表明了较高的外部国际化合法性和内部国际化合法性。这也是本研究选取这两个产业作为研究样本的重要原因之一。

表 5－1　　纺织产业和电子及通信设备制造业概述(2007 年)　单位:家，百万美元

产　业	公司总数	出口公司总数	外资企业总数	平均资产	平均产值	平均利润
纺织产业	27 914	8 226	5 590	6.47	8.83	0.90
电子及通信设备制造业	11 220	1 677	1 467	28.59	18.49	1.70

资料来源:《中国工业企业数据库》。

中国是世界最大的纺织品出口国。在 2010 年，中国纺织品的出口产值

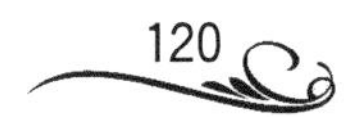

达到了 206.5 万美元，占到全球纺织品贸易总额的近三分之一。从图 5－1(a)和图 5－2(a)可以看出，纺织企业和有出口行为的纺织企业大部分集中在中国的东部地区。然而，由于东部地区劳动力成本的升高，以及中国产业转移的大政策，中西部地区也积极参与到了纺织产业的发展中。纺织企业的数量和出口的纺织企业的数量有了大幅的提升。纺织产业在中国一直被认为是传统产业和劳动密集型产业。这类产业通常都伴随着较低的产业附加值和产业利润率（Yang 等，2010）以及激烈的产业竞争。在这样的情况下，产业内部的企业只能积极寻求和拓展新的市场，以缓解竞争带来的压力，并维持企业的生存。从表 5－1 中可以看出，纺织产业中出口企业所占比重近 30％，表明该产业中许多企业在国际市场中谋求企业的发展，以减少竞争带来的压力。

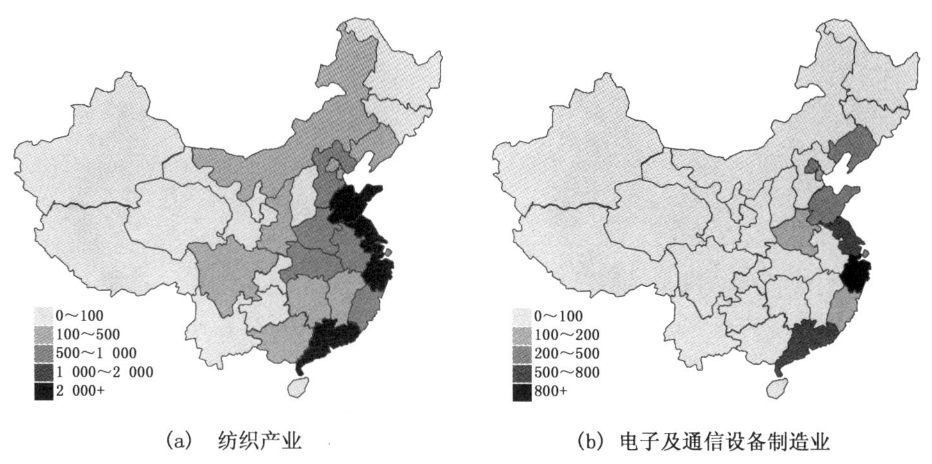

(a)　纺织产业　　(b) 电子及通信设备制造业

资料来源：《中国工业企业数据库》。

图 5－1　企业总数和分布(2007 年)

与纺织产业不同，电子及通信设备制造业一般被归于高新技术产业，属于国家重点扶持发展的产业之一。这类产业通常伴随着较高的知识和技术密度以及较高的产业利润率（Liu 等，2011）。从图 5－1(b)和图 5－2(b)中可以看出，电子及通信设备制造业通常集中分布在中国东部地区，其他地区与东部地区的发展仍存在较大的差距。同时,从表 5－1 中可以看出,电子及通信设备制造业的企业平均产值和平均利润均明显高于纺织产业。与出口活动频繁的纺织产业相比,电子及通信设备制造业中,出口企业所占比重不到 15%,表明其并不是出口导向型产业。

本研究将主要建立在纺织产业所代表的劳动密集型传统产业和电子及通信设备制造业所代表的高新技术产业上。根据 1998～2007 年《中国工业企业数据库》有关这两个产业发展的数据,本研究旨在发现:是否不同的产业设定会对企业国际化的密度依赖过程产生不同的作用?是否传统劳动密集型产业和高新技术产业在面对国际化合法性和竞争性的扩散时会有不同的应对战略?

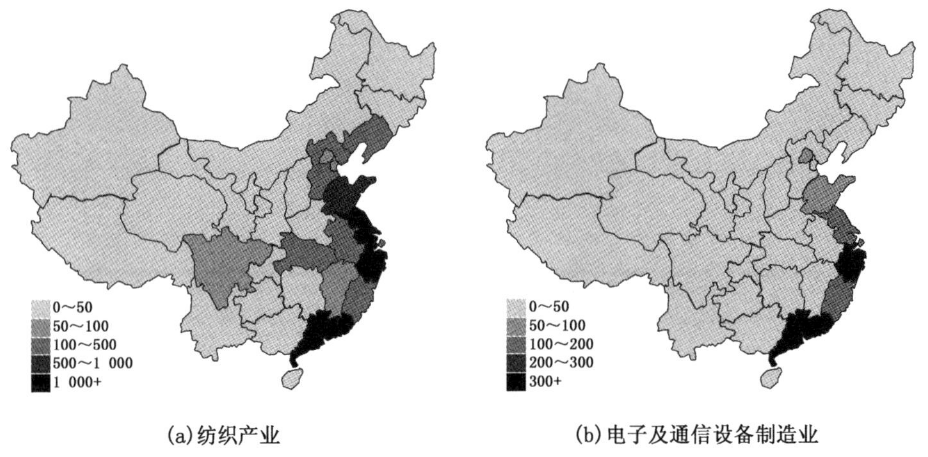

(a)纺织产业　　(b)电子及通信设备制造业

资料来源:《中国工业企业数据库》。

图 5－2　出口企业总数和分布(2007 年)

二、数据来源

本研究的数据主要来源于中国国家统计局发布的《中国工业企业数据库》(*Annual Survey of Industrial Firms*)。该数据库作为中国最全面的微观企业数据库,包括了所有规模以上国有和非国有企业的信息(年产值在

500 万元人民币以上)。整个数据库包含了企业的一般信息、地理信息和财务信息,如企业的工业总产值、工业增加值、中间投入、产业代码、区域代码、企业规模、经营状态、企业类型等核心变量。此外,《中国工业企业数据库》的时间涵盖了 2001 年中国加入 WTO 前后企业的变动情况,对研究中国企业的国际化进程具有重要的意义。虽然《中国工业企业数据库》缺失了一部分小企业数据,但是它仍被认为是研究中国微观企业的最全面、最权威的一手数据资料。很多学者基于此数据库开展了不同领域的研究,得出了丰硕的研究成果(Chang 和 Xu,2008;聂辉华等,2012)。

对于《中国工业企业数据库》中的每一个企业,都有有关其产业代码信息。本研究选取了产业 17(纺织产业)和产业 41(电子及通信设备制造业)作为研究对象。数据库中包含的 2 位区域代码将用来确定企业所属的省域地区。

三、变量和定义

(一)企业国际化

本研究的因变量企业国际化(Internationalization)被定义为在年 t 产业 i 地区 r 有国际化行为的企业数目。由于本书将企业新出口作为国际化行为的度量标准,因此:(1)在 $t-1$ 年没有任何出口行为(出口产值=0),而在 t 年开始出口(出口产值>0)的企业;(2)企业成立即有出口行为(出口产值>0)的企业,定义为有国际化行为的企业。

(二)合法性和竞争性

根据密度依赖理论,合法性和竞争性都包括在企业的种群密度中(Hannan 和 Freeman,1989)。因此,本书也选用企业的种群密度来定义国际化的合法性和竞争性。此外,为了研究合法性和竞争性的扩散作用,对不同的种群密度进行了定义。相同地区和相同产业的企业数目被定义为同地区同产业种群密度(SRSI),相同地区不同产业的企业数目被定义为同地区不同产业的种群密度(SRDI),不同地区相同产业的企业数目被定义为不同地区相同产业的种群密度(DRSI)。

(三)内部的国际化合法性

FDI 的企业数目在本研究中被选为定义内部的国际合法性指标。根据《中国工业企业数据库》中有关企业所有制属性的字段,内部合法性被定义为企业所有制为外商投资企业(包括中外合资企业、中外合作企业、外商独资企业以及外商投资股份有限公司)和港澳台投资企业(包括港澳台合资经营企业、港澳台合作经营企业、港澳台独资企业以及港澳台商投资股份有限公司)的数目。FDI 企业不同种群的企业数目分别定义为同地区同产业的内部合法性(Inward legitimacy-SRSI),同地区不同产业的内部合法性(Inward legitimacy-SRDI)以及不同地区同产业的内部合法性(Inward legitimacy-DRSI)。

(四)外部的国际化合法性

种群中已有出口活动的企业数目在本研究中用来定义外部的国际合法性。出口产值超过 0 的企业的数目在本研究中都被认为有出口活动。与内部的国际合法性的定义类似,有出口活动的企业的不同种群数目分别定义为同地区同产业的外部合法性(Outward legitimacy-SRSI)、同地区不同的产业的外部合法性(Outward legitimacy-SRDI)以及不同地区同产业的外部合法性(Outward legitimacy-DRSI)。

(五)竞争性

根据密度依赖理论的相关研究,企业的竞争性通常由一个种群中的企业总数来定义(Hannan 和 Freeman,1989)。与合法性的定义类似,不同种群的企业总数分别被定义为同地区同产业的竞争性(Competition-SRSI)、同地区不同的产业的竞争性(Competition-SRDI)以及不同地区同产业的竞争性(Competition-DRSI)。

(六)控制变量

为了控制宏观经济、产业、地区和制度因素对企业国际化战略选择的不同影响,本书引入了若干控制变量。纺织产业和电子及通信设备制造业的产值(Industry output value)被作为控制变量引入本研究中以控制产业的变动对企业的影响。不同区域的国内生产总值(GDP)被用来对宏观经济情况进行控制。中国存在较为严重的区域发展不平衡,这一点也能从图 5—1 和图 5—2 中得到印证。为了控制不同区域因素对企业国际化选择的影响,本研究引入东部地区虚拟变量(Geography)。东部沿海区域,包括北京、天津、河北、辽宁、上海、江苏、浙江、福建、山东和广东定义为 1,其他地区定义为 0。对中国国际化战略产生重要及深远影响作用的事件是中国在 2001 年加入世界贸易组织,为了控制加入 WTO 之前和加入 WTO 之后中国企业的不同国际化战略,本研究引入虚拟变量(WTO),其中如果年份等于或在 2001 年之后,则定义为 1。

表 5—2 和表 5—3 分别是纺织产业和电子及通信设备制造业的描述性统计结果。可以看出,外商直接投资企业数量、出口企业数量和企业总数三者高度相关。为了避免多重共线性,本研究将分别检验内部合法性、外部合法性和竞争性对企业国际化的影响。

表 5—2 描述性统计及相关性矩阵(纺织产业)

编号	变量名称	均值	标准差	最小值	最大值	1	2	3	4	5	6	7	8	9	10	11	12
1	Internationalization(t+1)	83.72	267.28	0	3026												
2	Inward legitimacy-SRSI/1000	0.11	0.23	0	1.42	0.68											
3	Inward legitimacy-SRDI /1000	1.22	2.31	0.001	14.98	0.47	0.89										
4	Inward legitimacy-DRSI /1000	3.19	1.35	1.46	5.31	0.03	0.03	0.02									
5	Outward legitimacy-SRSI/1000	0.20	0.45	0	3.30	0.79	0.90	0.66	−0.004								
6	Outward legitimacy-SRDI/1000	1.56	2.89	0.001	16.11	0.66	0.95	0.91	0.02	0.86							
7	Outward legitimacy-DRSI/1000	5.74	1.99	3.14	9.29	−0.01	−0.01	0.02	0.99	−0.07	−0.01						
8	Competition-SRSI/1000	0.54	1.05	0.001	7.21	0.75	0.88	0.64	0.03	0.97	0.81	−0.04					
9	Competition-SRDI/1000	6.38	7.16	0.19	38.47	0.66	0.93	0.86	0.06	0.87	0.93	0.02	0.89				
10	Competition-DRSI/1000	15.63	5.64	8.91	25.34	−0.001	0.03	0.06	0.99	−0.03	0.03	0.99	−0.002	0.06			
11	Industry output value[b]	8.88	0.42	8.39	9.64	0.09	0.18	0.17	0.93	0.14	0.18	0.88	0.17	0.21	0.92		
12	GDP[b]	7.94	1.09	4.51	10.17	0.35	0.53	0.55	0.21	0.48	0.57	0.18	0.53	0.71	0.20	0.31	
13	Geography	0.47	0.50	0	1	0.27	0.44	0.49	−0.08	0.39	0.46	−0.09	0.37	0.46	−0.07	0	0.43
14	WTO	0.67	0.47	0	1	0.12	0.13	0.12	0.64	0.09	0.12	0.61	0.11	0.13	0.62	0.72	0.23

a.n=270,所有在|0.1|以上的相关性都在 0.05 的水平上显著。

b.取对数。

表 5—3　描述性统计及相关性矩阵(电子及通信设备制造业)

编号	变量名称	均值	标准差	最小值	最大值	1	2	3	4	5	6	7	8	9	10	11	12	13
1	Internationalization(t+1)	19.51	50.52	0	441													
2	Inward legitimacy-SRSI/1000	0.06	0.14	0	1.07	0.70												
3	Inward legitimacy-SRDI/1000	1.27	2.42	0.001	15.60	0.74	0.73											
4	Inward legitimacy-DRSI/1000	1.67	0.54	0.53	2.56	−0.25	−0.14	−0.32										
5	Outward legitimacy-SRSI/1000	0.06	0.14	0	1.06	0.76	0.97	0.76	−0.16									
6	Outward legitimacy-SRDI/1000	1.69	3.17	0.001	18.21	0.76	0.60	0.90	−0.28	0.72								
7	Outward legitimacy-DRSI/1000	1.76	0.44	0.73	2.54	−0.31	−0.19	−0.34	0.98	−0.22	−0.33							
8	Competition-SRSI/1000	0.14	0.23	0	1.58	0.75	0.94	0.77	−0.15	0.97	0.75	−0.21						
9	Competition-SRDI/1000	6.77	7.94	0.19	44.84	0.67	0.53	0.86	−0.28	0.63	0.94	−0.32	0.71					
10	Competition-DRSI/1000	4.00	0.74	2.07	5.32	−0.30	−0.18	−0.31	0.93	−0.21	−0.30	0.96	−0.21	−0.29				
11	Industry output value[b]	9.42	0.64	8.50	10.41	0.02	−0.08	0.18	−0.61	−0.05	0.18	−0.47	−0.04	0.21	−0.34			
12	GDP[b]	7.94	1.09	4.51	10.17	0.39	0.37	0.55	−0.29	0.40	0.57	−0.28	0.49	0.70	−0.25	0.31		
13	Geography	0.47	0.50	0	1	0.36	0.40	0.49	−0.10	0.40	0.45	−0.13	0.48	0.45	−0.15	0	0.43	
14	WTO	0.67	0.47	0	1	0.02	−0.04	0.13	−0.32	−0.02	0.13	−0.17	−0.02	0.14	−0.15	0.79	0.23	0

a.n=270,所有在|0.1|以上的相关性都在 0.05 的水平上显著。

b. 取对数。

四、模型的选用

由于企业的国际化战略选择过程类似于企业的创业过程，因此，本研究将借鉴组织生态学中已经成熟的组织创建的相关研究方法来对中国制造企业的国际化战略选择进行研究。本研究以企业出口与否来定义企业的国际化。类似于企业的创业研究，这是一个到达过程(arrival process)(Hannan和Freeman,1989)，因变量是整数，而泊松分布经常被用于此类问题的研究中。然而，泊松分布在使用时有一个严格的假设条件，即因变量的方差应等于其均值。根据表5－2和表5－3的描述性统计的结果可以看出，对于纺织产业和电子及通信设备制造业，其因变量的标准差明显大于均值。为了修正这种过度分散的情况，本书最终选取了负二项分布模型对本书提出的研究问题进行分析(Cattani等，2003；Lomi，2000)。模型被表示为：

$$
\begin{aligned}
E(Internationalization_{irt} = y_{irt} \mid X_{irt}) &= \exp(\alpha_0 + \alpha_1 SRSI_{irt-1} + \alpha_2 SRDI_{irt-1} \\
&\quad + \alpha_3 DRSI_{irt-1} + \beta_1 Output_{irt-1} + \beta_2 GDP_{rt-1} \\
&\quad + \gamma_1 Geography_r + \gamma_2 WTO_{t-1})\varepsilon_{irt}
\end{aligned}
$$

由于每一个区域的国际化都存在差异，因此本研究选取了负二项分布的固定效应模型(Hausman等，1984)。此外，由于国际化战略的选择主要受到之前因素的影响，因此选取了滞后一期的因变量。使用STATA10.0最后得到了本研究的分析结果，如表5－4所示：

表 5—4　　中国制造业企业国际化的负二项分布模型

变　量	纺织产业				电子及通信设备制造业			
	模型 1	模型 2	模型 3	模型 4	模型 5	模型 6	模型 7	模型 8
常数	1.99^{+} (1.16)	28.38^{***} (1.98)	21.61^{***} (1.60)	27.01^{***} (2.04)	2.55^{*} (1.31)	6.22^{***} (1.85)	6.74^{***} (1.80)	6.12^{***} (1.76)
Inward legitimacy-SRSI/1000		1.22^{***} (0.37)				0.28 (0.50)		
Inward legitimacy-SRDI/1000		0.04 (0.05)				0.05^{+} (0.04)		
Inward legitimacy-DRSI/1000		0.94^{***} (0.06)				-0.31^{**} (0.12)		
Outward legitimacy-SRSI/1000			0.42^{*} (0.18)				0.32 (0.51)	
Outward legitimacy-SRDI/1000			0.07^{*} (0.04)				0.07^{***} (0.03)	
Outward legitimacy-DRSI/1000			0.50^{***} (0.03)				-0.29^{*} (0.13)	
Competition-SRSI/1000				0.19^{+} (0.12)				0.34 (0.33)

续表

变量	纺织产业				电子及通信设备制造业			
	模型 1	模型 2	模型 3	模型 4	模型 5	模型 6	模型 7	模型 8
Competition-SRDI/1000				0.03 (0.03)				0.03* (0.01)
Competition-DRSI/1000				0.22*** (0.02)				−0.17* (0.07)
Ln(Output)	−0.03 (0.19)	−2.74*** (0.28)	−1.87*** (0.25)	−2.65*** (0.29)	0.34+ (0.20)	0.12 (0.25)	0.24 (0.25)	0.30+ (0.23)
Ln(GDP)	−0.18 (0.19)	−0.78*** (0.27)	−0.87*** (0.27)	−0.80*** (0.28)	−0.65* (0.27)	−0.79** (0.32)	−0.99** (0.32)	−0.98*** (0.33)
Geography	0.15 (0.22)	0.43+ (0.27)	0.49+ (0.26)	0.52* (0.25)	0.87*** (0.32)	0.75* (0.34)	0.75* (0.33)	0.78** (0.33)
WTO	0.42*** (0.13)	0.74*** (0.11)	0.65*** (0.11)	0.80*** (0.11)	0.06 (0.17)	0.20 (0.19)	0.19 (0.19)	0.13 (0.18)
对数似然值	−864.57	−794.33	−786.17	−805.38	−574.59	−570.53	−569.17	−569.72
观察数	270	270	270	270	252	252	252	252
观察组数	30	30	30	30	28	28	28	28

注：(1)标准差在括号里。(2)$p<0.10$，* $p<0.05$；** $p<0.01$；*** $p<0.001$。(3)新疆和西藏的电子及通信设备制造业在观察期 1999～2007 年没有国际化行为，所以这两个省份的数据被删除。

第四节　结果与分析

表 5—4 表示了纺织产业和电子及通信设备制造业有关国际化的分析结果。在表 5—4 中,模型 1 和模型 5 分别分析了纺织产业和电子及通信设备制造业的控制变量;模型 2 和模型 6 对两个产业的内部国际化合法性进行了分析,并对假设 1 进行了检验;模型 3 和模型 7 分别对两个产业的外部国际化合法性进行了分析,并对假设 2 进行了检验;模型 4 和模型 8 对竞争性进行了分析,并对假设 3 进行了检验。从表 5—4 中可以看出,种群的合法性和竞争性都对企业的国际化倾向具有影响作用。然而,对于不同的产业背景,这些作用呈现出有趣的差异。

模型 2 和模型 6 表明,内部的合法性与企业的国际化倾向高度相关,但是假设 1 中提出的溢出效应只得到了部分的证明。对传统产业纺织业而言,同产业中外资企业的种群密度,无论是不是相同区域,都对该产业中企业的国际扩张具有显著的正向影响作用。我们推断纺织产业的国际扩张很有可能被同产业的内部合法性所影响,而不是相同区域中的内部合法性。然而,通过模型 6 可以看出,电子及通信设备制造业中同地区不同产业的外部合法性对企业的国际化具有较为显著的正向影响作用。同地区同产业的内部合法性表现为不显著,而不同地区同产业的内部合法性甚至表现为负。表明对于高新技术产业的电子及通信设备制造业,同产业中的外商种群密度并未对其国际化选择产生促进作用。

从模型 3 中可以看出,假设 2 在纺织产业中得到充分的论证。各种群的外部合法性作用均显著为正,表明企业的国际化倾向受到同产业同地区中国际化企业密度的影响。然而,在电子及通信设备制造业中(模型 7),只有相同地区不同产业的外部合法性作用得到了论证。同地区同产业的外部合法性作用并不显著,而不同地区同产业的外部合法性作用显著为负,与预期相反。

根据模型 4 和模型 8 的结果，假设 3 得到了部分论证。在纺织产业中，同产业中的竞争性作用(包括同地区同产业和不同地区同产业)对企业的国际化倾向表现出显著的正向影响作用。然而对于高新技术产业的代表电子及通信设备制造业，只有同地区不同产业的竞争性对企业国际化表现出与预期相符的且显著的影响作用。

总结来看，我们有充分的理由相信种群的内部合法性、外部合法性和竞争性以及它们的溢出效应对企业的国际化倾向具有显著的影响作用，然而这种影响作用根据产业的特点不同而表现出不同的影响作用。对于传统产业而言，其对同产业中的合法性和竞争性的外溢作用更为敏感；而对于高新技术产业，似乎同产业的合法性和竞争性并未对其国际化决策产生正向的影响作用，反而是同地区不同产业的合法性和竞争性的溢出效应对企业的国际化决策具有更显著的影响效果。

为什么高新技术产业不易被同产业中的内部和外部合法性影响？Meyer 和 Sinani(2009)指出，一个企业对外界影响的反应在很大程度上取决于它的意识(awareness)、动机(motivation)和能力(capability)。一个企业需要清楚地意识到外界的溢出效应，有动机对这个溢出效应进行反应，并且有能力对其进行反应(Chen,2007)。对于纺织产业这种传统类型的产业而言，由于产品的相似性和员工的高度流动性，企业的信息和技术很容易转移和扩散，其他企业很容易意识到或捕捉到这种技术和信息的溢出。此外，纺织产业长期以来一直被认为是一个竞争度较高的行业，其进入壁垒较低(Yeung 和 Mok,2004)。在这样的产业中，企业有充分的动机选择国际市场来逃避有限的本地市场带来的竞争压力。最后，对于劳动力密集型产业纺织产业而言，其对资金和技术并没有太高的要求，这使纺织企业很容易获得国际化所需的资源和能力。与其他资金和技术密集型企业相比，纺织企业更容易通过产业内的知识和技术扩散获得国外扩张的信息，学习先进的技术，建立自己的国际关系网络，并最终复制前人的成功经验，进行国际扩张。

而高新技术产业的合法性和竞争性的扩散与传统行业则存在较大的差

异。从前文的论述中可以看出，只有在技术和知识可以自由扩散的情况下，合法性的外溢才能够成功。然而，由于技术和知识是高新技术企业最重要和宝贵的资源，是它们的核心竞争力，因此这些技术和知识一般被企业保护得很好，较难产生扩散。这使得其他企业很难意识到合法性的溢出效应。从表5—1中可以看出，电子及通信设备制造业的产业利润率明显高于纺织产业，表明其具有较高的盈利能力。电子及通信设备制造业相对稳定和丰沛的国内市场降低了该产业国际化的动力。另外一个阻止高新技术产业合法性溢出的重要因素就是高新技术企业的能力。由于企业在吸收、传输和利用新知识的能力方面存在巨大的差异（Chen，1996；Chen，2007），公司在吸收合法性溢出效应方面也存在巨大的能力差异。在高新技术产业中，能力较差的企业很难从合法性溢出效应中受益。这解释了为何高新技术产业的国际化过程没有受到来自相同产业合法性溢出效应的影响。

为了证明我们的论断，我们引入了公司层面的数据，来分析高新技术产业中内部和外部合法性通过同地区同产业种群的扩散效应对企业国际化的影响作用。根据《中国工业企业数据库》的资料，我们收集了1998～2007年间进行经营活动的12 099家电子及通信设备制造企业数据，其中1 693家企业在此阶段有出口行为。由于我们只关注最初的国际化决策，因此企业第一次出口以后的数据被删除。为了控制公司的个体差异，我们引入了企业的产值（output）和员工总数（employee）变量。此外，为了证明我们前文的论断，即高新技术企业在应对合法性的溢出效应方面存在个体差异，本研究引入了公司方面的调节变量。在本研究中，企业的所有制被作为调节变量引入，因为它们是新兴经济体中对企业发展最具影响的因素之一（Yoshikawa和McGuire，2008）。国有投资（state_invest），外商投资（foreign_invest）和私人投资（private_invest）三个变量被引入，定义企业是否有国有、外商或私人投资。例如，如果一个企业在其资本中有国有投资，则State_invest为1，否则为0。为了表现不同企业所有制对合法性溢出效应的影响，我们引入了内部和外部合法性以及企业所有制的交互变量，分别为内部和外部合法性与国有投资的交互变量 Outward Legitimacy-SRSI* State_invest 和 Inward Legitimacy-SRSI* State_invest，内部和外部合法性与私人投资的交互变量 Outward Legitimacy-SRSI* Private_invest 和 Inward Legitimacy-SRSI* Private_invest，以及内部和外部合法性与外商投资的交互变量 Outward Legitimacy-SRSI* Foreign_invest 和 Inward Legitimacy-SRSI* Foreign_invest。最后，我们应用了面板数据的二元 logistic 回归来对此数据进行分析，结果如表 5—5 所示：

表 5—5　　制造业企业国际化的二元 logistic 回归分析

变　量	模型 9	模型 10	模型 11	模型 12	模型 13	模型 14	模型 15	模型 16
常数	−2.96*** (0.33)	−2.12*** (0.33)	−2.79*** (0.33)	−2.57*** (0.33)	−3.42*** (0.32)	−2.57*** (0.33)	−3.25*** (0.32)	−3.05*** (0.32)
Outward Legitimacy-SRSI/1000	1.48*** (0.07)	1.45*** (0.07)	1.72*** (0.09)	1.10*** (0.10)				
Inward Legitimacy-SRSI/1000					1.33*** (0.06)	1.32*** (0.07)	1.56*** (0.09)	0.77*** (0.10)
State_ invest		−0.71*** (0.07)				−0.71*** (0.07)		
Outward Legitimacy-SRSI* State_ invest		0.06 (0.15)						
Inward Legitimacy-SRSI* State_ invest						0.03 (0.15)		
Private_ invest			−0.40*** (0.06)				−0.37*** (0.05)	
Outward Legitimacy-SRSI* Private_ invest			−0.70*** (0.12)					
Inward Legitimacy-SRSI* Private_ invest							−0.76*** (0.12)	
Foreign_ invest				1.08*** (0.06)				1.01*** (0.06)
Outward Legitimacy-SRSI* Foreign_ invest				0.27* (0.13)				

续表

变　量	模型 9	模型 10	模型 11	模型 12	模型 13	模型 14	模型 15	模型 16
Inward Legitimacy-SRSI* Foreign_ invest								0.48*** (0.13)
Ln(Output)	−0.06*** (0.02)	−0.08*** (0.02)	−0.06** (0.02)	−0.13*** (0.02)	−0.07*** (0.02)	−0.09*** (0.02)	−0.07*** (0.02)	−0.14*** (0.02)
Ln(Employee)	0.33*** (0.02)	0.36*** (0.02)	0.27*** (0.02)	0.29*** (0.02)	0.33*** (0.02)	0.37*** (0.02)	0.28*** (0.02)	0.30*** (0.02)
Ln(GDP)	−0.06+ (0.04)	−0.12*** (0.04)	−0.02 (0.04)	−0.02 (0.04)	0.01 (0.03)	−0.06+ (0.04)	0.04 (0.04)	0.05 (0.04)
Geography	0.39*** (0.07)	0.34*** (0.07)	0.35*** (0.07)	0.12 (0.08)	0.42*** (0.07)	0.36*** (0.07)	0.38*** (0.07)	0.17** (0.07)
WTO	0.24*** (0.05)	0.14** (0.05)	0.32*** (0.05)	0.27*** (0.05)	0.26*** (0.05)	0.16*** (0.05)	0.32*** (0.05)	0.27*** (0.05)
卡方(chi-square)	1044.94***	1191.67***	1319.08***	1771.81***	1004.07***	1160.98***	1265.76***	1729.94***
观察数	25 679	25 679	25 679	25 679	25 679	25 679	25 679	25 679
观察组数	12 099	12 099	12 099	12 099	12 099	12 099	12 099	12 099

注:$p<0.10$; * $p<0.05$; ** $p<0.01$; *** $p<0.001$。

从表 5—5 中可以看出，通过引入企业层面的数据和变量，之前在表5—4中不显著的相同地区相同产业的内部和外部合法性溢出效应，在表 5—5 中为正且显著，与假设 1 和假设 2 的预期相符。此外，我们发现企业所有制的调节变量效应也得到了部分的验证和支持，表明企业对内部和外部国际化合法性的反应受到企业属性的影响。

首先，从模型 11 和模型 15 中可以发现，私人投资虚拟变量和内部/外部合法性之间的交互项显著为负，表明私人投资对内部/外部合法性和企业国际化之间的关系有显著的负向调节作用。虽然改革开放以来，民营企业得到了很多的发展机会，民营经济充满发展的活力，成为带动中国经济发展的有生力量。然而通过前面的分析也不难发现，民营经济与外资企业和国有企业相比仍面临很大的发展挑战。受长期计划经济的影响，民营资本仍然经常被认为是“劣质”的资本而很难与外资或是国有投资相竞争。民营经济在新兴经济体中其关系网络脆弱，资源匮乏，发展能力相对较低，这在一定程度上降低了其对内部/外部国际化合法性的反应意识和反应能力。

其次，从模型 12 和模型 16 可以看出，外商投资虚拟变量对内部/外部合法性和企业国际化之间的关系具有显著的正向调节作用。我们认为这主要是因为：(1)由于与国外公司以及国外市场紧密相连，有外商投资的企业更容易意识到内部和外部的合法性效应；(2)外商投资企业在东道国投资通常有两种目的，分别是市场寻求型和资源寻求型(Meyer，2005)，出于这两种目的，外商投资企业有很充分的进行国际化的动力和理由；(3)由于外商投资企业通常具有充足的资金、技术和管理经验，因此企业能力较强，有很好的对内部和外部合法性做出反应的能力。综上所述，企业的外商投资属性将加强内部和外部国际化的外溢效应对企业国际化的影响作用。

最后，从表 5—5 中可以发现，国有投资并没有对内部/外部合法性和国际化之间的关系表现出显著的调节作用。此外，从模型 10 和模型 14 中还可以看出，企业的国有投资对企业的国际化倾向具有显著的负向影响作用。我们推测，国有投资的引入将导致企业僵化和官僚化，将影响企业探寻新市场和改变的能力(Ralston 等,2006)。并且国有投资可能会为企业带来一定的国内市场经营优势,国内市场中巨大的利润使国有企业并不具有国际化的动力。

通过这些分析可以看出,合法性确实对企业的国际化倾向产生了影响,然而对这种合法性溢出效应的反应却因企业特性的不同而产生了差异。这对于竞争性的溢出效应也同样适用。在本研究中,企业的这种差异在高新技术产业中表现得尤为突出。

第五节 总结与展望

一、合法性和竞争性的外溢效应

本研究的一个重要贡献就是在组织生态学中密度依赖理论的基础上进行了拓展,将种群对企业生存的影响假设拓展至种群密度对企业发展(在本书中指国际化)的研究中。并发现合法性和竞争性对企业国际化的影响存在外溢效应,这种外溢的途径包括地理和产业维度。但研究同时发现,不同产业中企业对这种外溢效应的反应呈现出差异化的特点。对于传统行业纺织业,企业更容易受到同产业中合法性和竞争性外溢效应的影响,选择国际化策略。而对于高新技术产业电子及通信设备制造业,企业对合法性和竞争性外溢效应的反应则根据企业所有制属性的不同而产生差异。本研究通过引入企业的所有制,论证了企业的不同属性对企业内部和外部合法性溢出效应的反应产生了影响。

二、新兴经济体的独特视角

本研究的另外一个主要贡献是从新兴经济体的视角出发,研究新兴经济体的环境对其企业国际化的影响。近年来,越来越多的研究开始关注大量的来自于发展中经济体的国际扩张现象。与来自发达国家企业的循序渐进的国际扩张道路不同，很多来自于发展中经济体的企业在企业建立的早期就进入国际市场。有别于传统的国际化战略选择，学者将这种现象或企业称为“天生国际化企业”（international new venture）。很多学者认为，来自新兴经济体的企业的国际化过程追寻的不仅仅是市场寻求的过程，更重要的是一种战略资源的寻求过程。通过研究，我们认为，新兴经济体企业的快速国际化过程可以归因于新兴经济体特殊的环境。

首先，我们研究发现，内部国际化合法性，即新兴经济体中的外商直接投资是新兴经济体中的企业认知外界的有效渠道。外商直接投资带来了国际市场的信息、先进的技术，将新兴经济体中的企业整合至国际关系网络中，使它们与全球的利益相关者建立了联系。这些来自新兴经济体中的企业可以在本土经营的情况下，就具有了国际化的经验和国际化的视野。通过这些影响，新兴经济体中的企业具备了它们的前人所未能拥有的优势，因此，它们能够更早、更快地找到国际化的扩张路径。

此外，新兴经济体中除了外商直接投资，其本身的国际化企业也是促进其他企业国际化的重要因素之一。越来越多来自于新兴经济体的跨国或出口企业可以为本地企业提供信息和技术，建立国际关系网络，营造国内环境氛围并在国际市场中积累声誉。这都方便和加速了接下来的来自于新兴经济体企业的国际化行为。

总体而言，复杂的国内组织间的环境是新兴经济体快速国际化的重要影响因素。从组织生态学的视角，研究新兴经济体内不同类别的种群密度以及其带来的合法性和竞争性对企业国际化的影响，具有重要的意义。

参考文献

[1]Baum, J. A. C., Amburgey, T. “Organizational ecology”, in *Companion to Organizations*, J. A.C.Baum, Editor, 2002, Blackwell: Oxford.

[2]Boisot, M., Meyer, M.W. “Which way trough the open door? Reflections on the internationalization of Chinese firms”. *Management and Organization Review*, 2008, 4(3): 349—

365.

[3]Carroll,G.R."Long-term evolutionary change in organizational populations:Theory, models and empirical findings in industrial demography".*Industrial and Corporate Change*, 1997,6(1):119—143.

[4]Cattani, G., Pennings, J. M., Wezel, F. C. "Spatial and Temporal Heterogeneity in Founding Patterns".*Organization Science*,2003,14(6):670—685+754.

[5]Chan, C. M., Makino, S., Isobe, T. "Interdependent behavior in foreign direct investment:the multi-level effects of prior entry and prior exit on foreign market entry".*Journal of International Business Studies*,2006,37(5):642—665.

[6]Chang,S.J.,Xu,D."Spillovers and competition among foreign and local firms in China".*Strategic Management Journal*,2008,29(5):495—518.

[7]Chen,M.-J."Competitor analysis and interfirm rivalry:toward a theoretical integration".*Academy of Management Journal*,1996,21(1):100—134.

[8]Chen,M.-J."Competitive tension:the awareness-motivation-capability perspective". *Academy of Management Journal*,2007,50(1):101—118.

[9]Chen,T.-J."Network linkages and location choice in foreign direct investment".*Journal of International Business Studies*,2003,29(3):445—468.

[10]Coeurderoy,R.,Murray,G."Regulatory environments and the location decision:evidence from the early foreign market entries of new-technology-based firms".*Journal of International Business Studies*,2008,39(4):670—687.

[11]DiMaggio,P.J.,Powell,W.W."The iron cage revisited:institutional isomorphism and collective rationality in organizational fields".*American Sociological Review*,1983,48(2):147—160.

[12]Ellis, P. D. "Social ties and international entrepreneurship: opportunities and constraints affecting firm internationalization".*Journal of International Business Studies*,2011, 42(1):99—127.

[13]Eriksson,K.,Johanson,J.,Majkgard,A.,Sharma,D.D."Experiential knowledge and costs in the internationalization process".*Journal of International Business Studies*,1997,28(2):337—360.

[14]Gimeno,J.,Hoskisson,R.E.,Beal,B.D.,Wan,W.P."Explaining the clustering of in-

ternational expansion moves:a critical test in the U.S.telecommunications industry".*Academy of Management Journal*,2005,48(2):297—319.

[15]Guillen, M. F."Structural inertia, imitation, and foreign expansion: South Korean firms and business groups in China,1987—1995".*Academy of Management Journal*,2002,45(3):500—525.

[16]Gupta,A.K.,Govindarajan,V."Knowledge flows within multinational corporations".*Strategic Management Journal*,2000,21(4):473—496.

[17]Hannan,M.T.,Carroll,G.*Dynamics of Organizational Populations:Density,competition,and legitimation*.New York:Oxford University Press,1992.

[18]Hannan,M.T.,Freeman,J.*Organizational Ecology*.MA:Harvard University Press,1989.

[19]Hannan,M.T.,Polos,L.,Carroll,G.R.*Logics of Organization Theory:Audiences,Codes,and Ecologies*.Princeton:Princeton University,2007.

[20]Hausman,J.B.,Hall,H.,Griliches,Z."Econometric models for count data with an application to the patent-R&D relationship".*Econometrics*,1984,52(4):909—938.

[21]Hejazi,W.,Safarian,A.E."Trade,foreign direct investment,and R&D spillovers".*Journal of International Business Studies*,1999,30(3):491—511.

[22]Henisz,W.J.,Delios,A."Uncertanty,imitation,and plant location:Japanese multinational corporations,1990—1996".*Administrative Science Quarterly*,2001,46(3):443—475.

[23]Ito,K."Domestic competitive position and export strategy of Japanese manufacturing firms:1971—1985".*Management Science*,1997,43(5):610—622.

[24]Kirca,A.H.,Hult,G.T.M.,Deligonul,S.,Perryy,M.Z.,Cavusgil,S.T."A Multilevel Examination of the Drivers of Firm Multinationality:A Meta-Analysis".*Journal of Management*,2012,38(2):502—530.

[25]Kogut,B.,Zander,U."Knowledge of the firm and the evolutionary theory of the multinational corporation".*Journal of International Business Studies*,1993,24(4):625—645.

[26]Kostova,T.,Zaheer,S."Organizational legitimacy under conditions of complexity: the case of the multinational enterprise".*Academy of Management Review*,1999,24(1):64—81.

[27]Li,J.,Yang,J.Y.,Yue,D.R."Identity,community,and audience:how wholly owned

foreign subsidiaries gain legitimacy in China". *Academy of Management Journal*, 2007, 50(1): 175—190.

[28]Liu, H., Liu, H., Jakson, P. "China's high-tech firms: strategic patterns and performance". *Journal of Global Business and Technology*, 2011, 7(2): 1—13.

[29]Lomi, A. "Density dependence and spatial duality in organizational founding rates: Danish commercial banks, 1846—1989". *Organization Studies*, 2000, 21(2): 433—461.

[30]Luo, Y., Tung, R.L. "International expansion of emerging market enterprises: a springboard perspective". *Journal of International Business Studies*, 2007, 38(4): 481—498.

[31]Martin, X., Swaminathan, A., Michell, W. "Organizational evolution in the interorganizational environment: incentives and constraints on international expansion strategy". *Administrative Science Quarterly*, 1998, 43(3): 566—601.

[32]Meyer, K.E. "Foreign direct investment in emerging economies", in Policy Discussion Paper-Emerging Markets Forum. 2005: Templeton College, Oxford.

[33]Meyer, K.E., Peng, M.W. "Probing theoretically into Central and Eastern Europe: transactions, resources, and institutions". *Journal of International Business Studies*, 2005, 36(6): 600—621.

[34]Meyer, K.E., Sinai, E. "When and where does foreign direct investment generate positive spillovers? A meta-analysis". *Journal of International Business Studies*, 2009, 40(7): 1075—1094.

[35]Ralston, D.A., Terpstra-Tong, J., Terpstra, R.H., Wang, X., Egri, C. "Today's state-owned enterprises of China: are they dying dinosaurs or dynamic dynamos?". *Strategic Management Journal*, 2006, 27(9): 825—843.

[36]Sapienza, H.J., De Clercq, D., Sandberg, W. "Antecedents of international and domestic learning effort". *Journal of Business Venturing*, 2005, 20(4): 437—457.

[37]Sinai, E., Meyer, K.E. "Identifying spillovers of technology transfer: the case of Estonia". *Journal of Comparative Economics*, 2004, 32(3): 445—466.

[38]Taymaz, E., Ozler, S. "Foreign ownership, competition, and survival dynamics". *Review of Industrial Organization*, 2007, 31(1): 23—42.

[39]Teece, D.J. "Transactions cost economics and the multinational enterprise". *Journal of Behavior and Organization*, 1986, 7(1): 21—45.

[40]Tseng, C. H., Tansuhaj, P., Hallagan, W., McCullough, J. "Effects of firm resources on growth in multinationality". *Journal of International Business Studies*, 2007, 38(6): 961—974.

[41]Wood, E., Khavul, S., Perez-Nordtvedt, L., Prakhya, S., Dabrowski, R., Zheng, C. "Strategic commitment and timing of internationalization from emerging markets: evidence from China, India, Mexico, and South Africa". *Journal of Small Business management*, 2011, 49(2): 252—282.

[42]Yang, T., He, M., Zhang, A. "Analysis of restrictive elements of China's textile industry in upgrading based on value chain". *International Journal of Business and Management*, 2010, 5(6): 142—145.

[43]Yeung, G., Mok, V. "Does WTO accession matter for the Chinese textile and clothing industry?". *Cambridge Journal of Economics*, 2004, 28(6): 937—954.

[44]Yoshikawa, T., McGuire, J. "Change and continuity in Japanese corporate governance". *Asia Pacific Journal of Management*, 2008, 25(1): 5—24.

[45]Zaheer, S. "Circadian rhythms: the effects of global market integration in the currency trading industry". *Journal of International Business Studies*, 1995, 26(4): 699—728.

[46]聂辉华，江艇，杨汝岱.中国工业企业数据库的使用现状和潜在问题[J].中国工业经济，2012(5): 142—158.

第六章

资源分割过程对企业生存的影响

本章主要分析产业结构的变化对产业内不同战略的企业的生存影响。通过运用江苏省建筑企业1989～2007年的企业发展数据，研究资源分割过程对企业生存的影响，发现企业的死亡率虽然受到产业结构改变的影响，但是与资源分割理论的假设不同；集中度的提高虽然增加了企业的死亡风险，但是在这种环境下小企业比大企业具有更高的死亡风险，这与资源分割理论的假设相反。我们认为是因为中国企业尚未形成有效的分层竞争，致使小企业处于和大企业同样的市场环境中，生存环境恶劣，因此企业死亡率较高。小企业如何在激烈的市场竞争环境中寻找适合自身生存的位置，是影响小企业生存的关键。

第一节　资源分割理论及应用

一、资源分割理论

根据第二章对资源分割模型及过程的介绍，可知资源分割模型是组织生态学中研究种群密度对组织的出生率和死亡率影响的核心理论之一。资

源分割理论从种群发展的结构方面分析种群演化对组织生存状况的影响。从前面的分析可以看出，产业结构不合理是中国企业发展中存在的主要问题之一。虽然近年来此种情况有所改善，但是仍然是影响中国企业生存和发展的重要因素。在这样的情况下，研究产业结构对不同企业的生存影响具有很强的现实意义，这也是本章研究的焦点。

任何产业组织的发展都需要特定的资源基础。所谓资源是指可以被组织利用的物质、条件或因素，随着其在环境中可获得性的增加，组织的成长性也增加。也可以把资源理解为可以潜在地影响个体适宜度的被组织直接利用的环境因素。高斯早就指出，使用相似资源的组织不能长期共存，除非长期的进化使组织之间发生了形态上或行为上的变化。传统的产业经济学理论也认为，高的市场集中度是一种进入壁垒，对于小型企业来说尤为如此。因此，在成熟的产业中，在市场集中度很高的情况下，新的组织很难进入，产业密度会持续降低（彭璧玉，2007）。而资源分割理论认为，不同的组织最终会分割为双市场结构：数量较少的大型多元化公司和小型专业化公司共存于同一资源空间中，前者占据着高度集中的市场中心，后者则集中在高密度的边缘区域。资源分割理论主要分析伴随着产业集中度的提高的两种组织的发展趋势，而这两个趋势通常被认为是不相关的两个过程。一个是伴随着产业集中度的提高而产生的多元化企业数量的减少，而另一个趋势则是产业内许多小型专业组织数量的增加。资源分割理论主要揭示为什么这两种趋势会在相同的产业中同时发生（刘桦，2007）。

资源分割理论认为：(1)资源分割使得整个产业组织主要集中在资源中心和资源边缘这两大区域。(2)资源分割会影响产业组织的成长，处于资源空间中央区域的组织采用的是多元化战略，而处于资源空间边缘地带的组织则采取专一化战略。只要专业化组织有充足的机会将其自身与多元化组织区分开，资源分割的过程就能提高专业化组织的业绩。(3)最后，资源分割理论会影响产业组织的死亡。随着竞争范围的集中，即市场集中度的提高，会带来大型多元化组织死亡率的提升和小型专业化组织死亡率的下降。

通过上面的分析可以看出，资源分割的核心概念包括：一是资源的分布形状；二是多元化组织的行为和演化；三是在既定的资源分布和多元化组织的行为方式下，专业化组织的行为和演化(彭璧玉，2007)。

(一)资源分布

资源分割理论认为，资源不均匀地分布在多个维度上，每一个维度上都会出现一个资源分布的单峰。资源在每一个维度上的分布都被假定为围绕这个单峰进行分布。对所有相关维度的联合分布而言，也存在一个单峰，这个单峰被称为“市场中心”(market center)。大型多元化企业主要分布在这个区域中。而围绕市场中心，资源分布量会呈递减分布，资源较贫瘠的没有被多元化企业占据的这片区域被称为“边缘区域”(peripheral area)，小型的专业化企业主要分布于这片区域。

图 6—1 表示了资源分割理论中这种假设的资源分割状态。

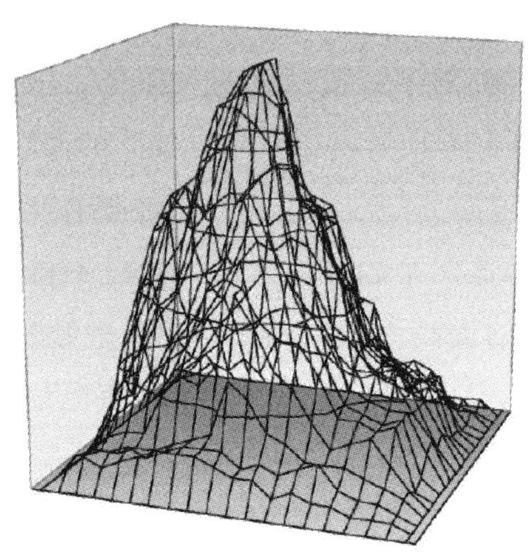

资料来源：Carroll、Dobrev 和 Swaminathan，2002。

图 6—1 资源的单峰不均匀分布

锥形体的最高峰即市场中心。Boone 等人对荷兰报纸市场的潜在消费者进行了调查，发现消费者在年龄、教育、政党、民族等方面的分布都存在单峰的不均匀分布现象(Boone 等，2000)。而根据市场研究机构的调研发现，美国啤酒业潜在消费者在多元空间内也符合资源分割理论假设的单峰分布(如图 6—2 所示)(Carroll 等,2002)。

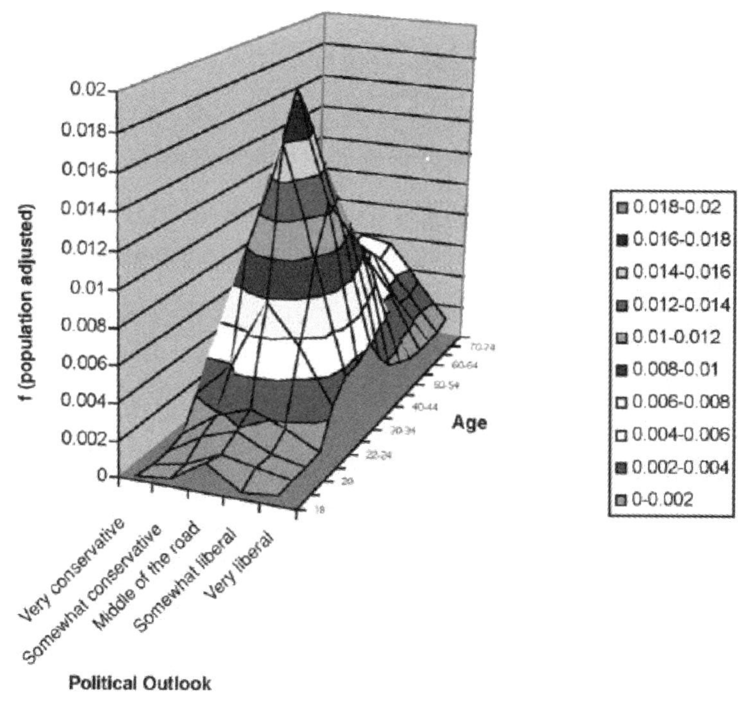

资料来源:Carroll、Dobrev 和 Swaminathan,2002。

图 6—2 啤酒消费者根据年龄和政治见解的分布

一些学者尝试对市场中心及边缘区域的位置和资源量进行测度。Péli 和 Nooteboom(1999)从市场资源的 n 维几何分布出发,对市场中心空间和边缘空间进行测度。以期从 n 维空间的角度来形象表示市场集中度的提高和资源分割程度的加剧。通过测度得出:边缘区域资源随着资源空间维度的增多而呈非线性增长。此外,在有关资源分割理论的实际应用中,产业中最大的几家公司所覆盖的业务区域常被认为是该产业的市场中心。如 Dobrev 等 (2002)在对美国汽车业的研究中将美国汽车制造行业中最大的四个组织所占据的空间作为市场中心。而 Boone、Broöcheler 和 Carroll

(2000)在对荷兰审计行业的研究中将最大的八家企业占据的市场空间作为市场中心。

(二)多元化企业和专业化企业

在资源分割理论中,企业根据占用资源的不同而被分为多元化企业(generalist)和专业化企业(specialist),多元化企业被认为拥有较多的市场资源,专业化企业则占用较少的市场资源。资源分割不仅意味着不同区域之间资源丰裕度的差异,而且意味着不同区域内的组织对资源利用方式和利用效率的差异。资源分割理论探讨在市场集中度提升的情况下的三种竞争:多元化企业之间的竞争、专业化企业之间的竞争以及多元化和专业化企业之间的竞争。

多元化企业为了满足对资源的需求,一般位于市场中心。位于边缘区域的多元化企业最终也会由于资源的匮乏而转变为专业化企业或死亡。而由于占用较多的市场资源,多元化企业之间竞争较为激烈。随着市场集中度的提升,最后只有少数多元化企业能够继续存在于市场中心。

与多元化企业不同,专业化企业通过特化自己来避免竞争的压力。资源分割理论认为,随着市场集中度的增大,可被专业化企业利用的多元化企业目标之外的资源空间将增加,这将增加专业化企业的生存空间和机会,从而减少其竞争(Carroll、Dobrev 和 Swaminathan,2002)。对于多元化企业和专业化企业,研究表明,随着集中度的提升将加大多元化企业市场位置和专业化企业市场位置之间的距离,从而减少其竞争(Boone 等,2004)。

二、资源分割理论的应用

如第二章所介绍,资源分割理论也是组织生态学中发展较为成熟的理论之一,已经被广泛应用于许多产业,包括汽车制造、银行、审计等行业。根据 Boone、Broöcheler 和 Carroll (2000)的总结,他认为根据资源的分割类型,资源分割过程可以划分为四种类型:地理分割(location partitioning);技术分割(technology partitioning);产品分割(product partitioning);顾客分割(customer partitioning)。

1. 地理分割

地理分割是指位置拥挤机制(Location-based crowding mechanism)造成的资源实际上的地理位置分割。典型代表是航空客服行业,其由于客源分布的不均匀而造成的资源分割,为抽象的资源分割带来了实际而形象的意义(Seidel,1997)。

2. 技术分割

技术分割是指由技术上的不同而造成的资源分割。一些专业组织由于其可以被信赖的技术从而在某一领域成为权威,表现比较明显的如啤酒酿造产业(Carroll 和 Swaminathan,1998)。

3. 产品分割

只是因为产品的不同而造成的资源分割称为产品分割,这其中包括报纸、图书以及音像制品行业。

4. 顾客分割

顾客分割是指由于服务的顾客群体的不同而造成的资源分割,如审计行业及银行业。大型的审计公司或银行通常面向于比较大型的企业,而一些专业化或小型审计企业或银行则主要面向有一些特殊要求的小型企业。

三、江苏省建筑业

目前,江苏省建筑业的产值地理分布主要集中于江苏省所属的东部地区,此外,苏北地区是江苏省建筑业产值的第二个主要来源;企业之间并未形成明显的技术分割现象;产品主要集中于房屋和土木工程建筑方面,产品附加值较低的房屋工程占产值的比重最高,而建筑安装和建筑装饰产值所占比重较小。可见江苏省建筑业的资源分割并不明显。

另一方面,江苏省建筑业的集中度呈现出上升的态势,但是上升速度仍然较慢,产业的集中度仍然低于 20%。根据贝恩对产业内垄断程度与集中度关系的分析可以得出,江苏省建筑业内部还未能形成可以形成规模效应的大型多元化企业，产业进入壁垒较低，竞争激烈(李小冬等，2001)。资源分割理论认为，随着产业集中度的提高，产业中二元化发展的趋势将更加明显。多元化大型企业的死亡率会提升，而专业化小型企业的死亡率会降低。江苏省建筑业是否符合资源分割理论的假设，产业结构的调整对产业内多元化企业和专业化企业产生怎样的影响，将是本书要研究和回答的关键问题。

第二节 研究数据

本书选取的研究目标为改革开放后，1989～2007年间江苏省建筑企业的发展数据，这些数据来自江苏省建筑工程管理局每年有关全省建筑企业的统计资料。

一、企业死亡

由于数据收集的难度以及江苏省小型建筑企业的数据变动过于频繁，本书的研究对象为期末从业人数大于等于1 000人的建筑企业，即企业期末人数小于1 000人，当年即为企业的死亡日期。因为中国建筑业属于劳动密集型产业，当企业的期末从业人数小于1 000人时，认为企业不具备市场竞争及发展能力，这样的定义是较为合理的。

二、资源分割过程变量

为了研究江苏省建筑业的资源分割过程，产业集中度、多元化企业以及专业化企业的度量是需要选取的关键变量。

(一)产业集中度

本书选取产业集中度作为测度江苏省建筑业每年产业集中度的方法，根据第三章所述，其公式为(范小琪，2006)：

$$CR_n = \sum_{i=1}^{n} X_i / \sum_{i=1}^{N} X_i = \sum_{i=1}^{n} X_i / X = \sum_{i=1}^{n} S_i \qquad (6-1)$$

式中：CR_n 表示江苏省建筑业中产值最大的前 n 家企业的产值占建筑行业产值的比重；

X 表示企业产值，第 i 个企业的销售额为 X_i；

N 表示产业的企业总数；

$S_i(X_i/X)$表示 i 企业的市场份额。

为了得到较好的结果，本书分别选取了 CR_4 和 CR_8 两个测度标准对江苏省建筑业的集中度进行度量。并对这两种度量方法的结果进行比较，从中选取最优的结果。江苏省建筑业集中度 CR_4 和 CR_8 如图 6—3 和图 6—4 所示，可以看出两者趋势相近。江苏省建筑企业的集中度从 1989 年起，虽然表现出一定程度的上扬，但是此趋势并不显著。

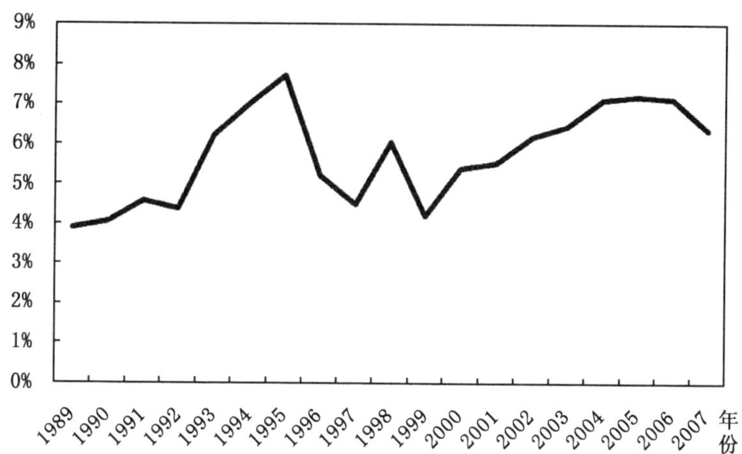

资料来源：江苏省建设厅。

图 6—3　江苏省建筑业集中度(CR_4)

(二)多元化企业和专业化企业

资源分割理论主要是研究伴随着产业集中度的提高，产业内的两类组织——多元化企业和专业化企业，随着集中度变化，其生存状态的改变。由

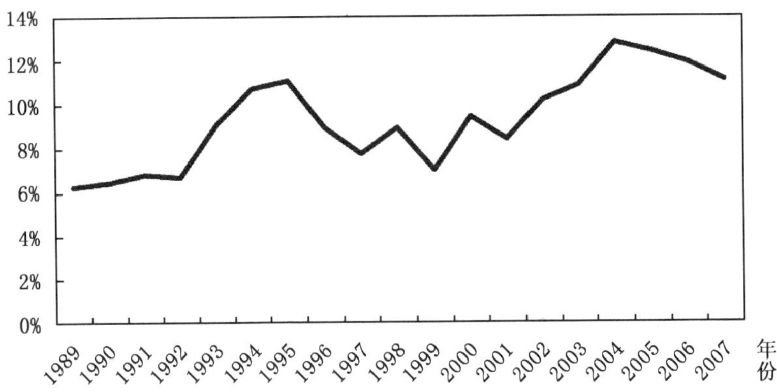

资料来源:江苏省建设厅。

图 6—4　江苏省建筑业集中度(CR_8)

于较难从定量的角度对企业的多元化或专业化进行度量,因此多用企业的规模大小代替企业的多元化或专业化,对此进行研究。虽然对于企业的多元化、专业化与企业规模的关系并没有明确的定义,但是资源分割理论认为,多元化企业的规模通常会大于专业化企业(Dobrev,2000)。一些早期的研究也同样支持此假设。例如,在有关荷兰统计行业的研究中,Boone、Broöcheler 和 Carroll (2000)认为,由于此类行业的特殊性,可以用组织的规模作为区分行业中的专业化企业和多元化企业的标准。同样,在有关保加利亚报纸产业的研究中,Dobrev (2000)同样认为多元化企业规模较大,而专业化企业规模较小。他指出,多元化企业将其产品目标集中于多个资源空间,因此规模较大;而专业化企业由于主要集中于资源较为贫瘠的边缘市场,可以被其利用的资源较少,因此企业规模较小。根据以上推论,以及建筑业的特殊性,本书也将企业的规模作为区分企业多元化和专业化的变量,认为规模越大,则越偏向于多元化,而规模越小,则越偏向于专业化。本书用该企业当年产值的对数来表示企业的规模。

(三)产业集中度同企业规模

为了表现集中度和企业规模对企业死亡的共同作用,分别用 CR_4 和

CR_8与企业规模相乘，得到两者交互变量。

三、其他影响因素变量

根据对企业死亡的研究进行的总结，Van Kranenburg 等（2002）认为，组织的死亡主要受到三大因素的影响：（1）宏观环境因素；（2）产业发展因素；（3）企业特殊因素。如前所述，由于江苏省建筑企业在很大程度上受到宏观政策的影响，所以本书中也同时加入了宏观政策的影响。

（一）宏观环境影响因素

宏观环境因素包括宏观经济因素和宏观政策因素。宏观经济因素包括国内生产总值增长率、江苏省地区生产总值增长率、全国固定资产投资增长率、江苏省固定资产投资增长率、全国建筑业产值增长率、江苏省建筑业产值增长率等几个宏观经济指标。此外，还选取了近年发展较快，并与建筑产业高度相关的房地产业的相关指标，分别为全国房地产业本年完成投资增长率、江苏省房屋建筑施工面积增长率和竣工面积增长率。宏观政策因素方面，根据之前的相关分析选取了改革开放发展期和国有企业改制期两个时期的虚拟变量，对建筑企业的死亡率进行分析。

（二）产业发展因素

本章主要研究种群结构的变化对种群内企业死亡率的影响。除了前面所提到的集中度以外，本书还选取了种群的密度作为产业环境因素，研究在考虑种群结构变化的同时，种群的密度对企业死亡率的影响。根据之前介绍的密度依赖过程与组织死亡率的 U 形关系假设，选取了种群密度和种群密度的平方两个变量。

（三）企业特殊因素

本书选取企业年龄作为研究企业特殊因素的变量。企业的年龄通常被定义为一个企业存在于一个特殊产业中的时间。由于本书的研究范围为1989～2007 年，因此定义 1989 年存在于产业中的企业的年龄为 1，1990 年为 2，以后依次类推。

第三节 研究方法

根据第四章有关事件史分析方法的介绍可知，事件史的分析方法可以分为离散型分析方法和连续型分析方法。离散时间模型假设标的事件只发生于离散的时间点，其优点主要有以下几点：首先可以将离散时间模型用于趋近连续时间模型（continuous-time models）。虽然以此趋近方式会导致一定的估算值误差，但是在已知该事件并未发生于每一时期前，并且该事件对于每一离散时刻发生的条件概率变小的情况下，可以忽略这样的误差。另一方面，离散时间模型有优于连续时间模型的方面，它可以应用 Cox 法处理数据等值——“结”的情况[①]。

在以下三种情况下，可以考虑用离散时间模型趋近连续时间模型（Yamaguchi，1991）：

（1）第一个考量是关于所测量事件的时间单位。除了专为收集事件历史资料所特别设计的调查研究外，一般调查研究中并不常用精确的时间单位来测量事件发生的时机，而常用年、季、月等作为测量单位。在此情况下，选择离散时间模型是较为适合的。

（2）第二个考量是关于所有资料中等值“结”的数量。因为事件是以离散时间为单位测量的，所以事件中可能存在等值情况。在使用 Cox 比例风险模型进行分析时，大量的等值案例会使算值出现偏差。而离散时间模型能够处理这种等值问题。

（3）第三个重要的需要考量的条件是关于从离散时间模型中取得趋近值之适当性。此一考量与预期事件与离散时刻发生的条件概率有关。离散时间模型，只有当此条件概率小到一个合理的程度时，才可适当地趋近于连续时间模型。Clogg 与 Eliason（1987）表示，如果 p 趋近于 0.1 或者更小，比

---

① 当样本中两个或两个以上的个案在同一时间发生预期事件，在这个时间点上，事件便处于等值状态，即所谓的“结”。

率模式可趋近于对数回归模型(Yamaguchi,1991)。

鉴于以上分析与本书数据的情况,本书选取离散时间模型对企业的资源分割过程进行分析,思路如下:

$$h(t)=\Pr(T=t_i \mid T\geqslant t_i) \tag{6-2}$$

式中,$h(t)$为模型因变量,即企业死亡风险概率。$h(t)$表示观测个体在时间t之前没有经历事件的情况下,在时间t经历事件的条件概率。从式(6-2)可以看出,$0\leqslant h(t)\leqslant 1$,而因变量(0,1)的变化范围不能满足自变量的变化范围,所以需要对模型进行变换。这种变换被称为logit变换:

$$Q=\ln\frac{h(t)}{1-h(t)} \tag{6-3}$$

从logit变换可以看出,当$h(t)$从$0\rightarrow 1$时,Q的值从$-\infty\rightarrow+\infty$,因此$Q$的值在区间$(-\infty,+\infty)$上变化。这一变化完全克服了$h(t)$只能在(0,1)上变化的缺陷,在数据的处理上带来了很多的方便。

在讨论了用logit度量表示风险后,接下来的问题是用什么统计模型来刻画logit风险与自变量之间的关系,一般形式如下(杜本峰,2008,郭志刚,2001):

$$\text{logit}\ h(t)=\alpha_l(t)+\alpha A \tag{6-4}$$

式中,α_l表示风险函数在每个不同时期的截距项,因为logit风险函数假设在不同的时间段,所有的logit风险函数的形状是相同的,因此只有截距项会产生变化。α_l表示对于每个观测个体在具体时间段不同的风险值;αA表示其他变量对企业死亡风险值的影响。根据企业的年龄,以及离散时间数据风险模型,最后将时间分为四段,分别为(0,1),(1,3),(3,5)以及$(5,+\infty)$。(0,1)表示在进入产业的第一年发生死亡事件的企业;(1,3)表示在$1<t\leqslant 3$时间发生死亡事件的企业,此后依次类推。最后运用SPSS分析软件,所得的结果如表6-1所示。

表 6—1　　基于离散时间数据模型的江苏省建筑业组织死亡率分析

变量名称	模型 A	模型 B	模型 C	模型 D
年龄：				
0～1	−0.044(2.856)	0.439(2.862)	−15.163*** (3.677)	−15.820*** (3.538)
1～3	−0.798*** (0.076)	−0.315*** (0.076)	−15.929*** (0.077)	−16.586*** (0.077)
3～5	−0.807*** (0.098)	−0.324*** (0.098)	−15.929*** (0.098)	−16.579*** (0.098)
＞5	−1.155*** (2.856)	−0.672*** (0.096)	−16.283*** (0.096)	−18.466*** (0.096)
企业规模	−0.845*** (0.043)	−0.845*** (0.043)	0.806** (0.258)	0.967*** (0.238)
集中度(CR_4)	1.048*** (0.214)		4.076*** (0.524)	
CR_4* 企业规模			−0.269*** (0.042)	
集中度(CR_8)		1.016*** (0.208)		2.941*** (0.330)
CR_8* 企业规模				−0.179*** (0.023)
国内生产总值增长率	−0.017* (0.122)	−0.001* (0.012)	−0.018* (0.011)	−0.001* (0.012)
江苏省地区生产总值增长率	−0.342** (0.123)	−0.729*** (0.183)	−0.275* (0.122)	−0.574** (0.182)
全国固定资产投资增长率	−0.236* (0.104)	−0.369** (0.127)	−0.234* (0.104)	−0.329** (0.126)
江苏省固定资产投资增长率	0.085** (0.032)	0.107** (0.036)	0.090** (0.032)	0.103** (0.035)
全国建筑业产值增长率	0.145** (0.056)	0.260*** (0.074)	0.125* (0.055)	0.210** (0.074)
江苏省建筑业产值增长率	0.062(0.046)	0.169** (0.061)	0.051(0.045)	0.134* (0.060)
全国房地产本年完成投资增长率	−0.024(0.021)	−0.048* (0.024)	−0.019 (0.021)	−0.038 (0.024)
江苏省房屋建筑施工面积增长率	0.108(0.071)	0.266** (0.089)	0.075 (0.071)	0.203* (0.089)
江苏省房屋建筑竣工面积增长率	0.101* (0.041)	0.113** (0.042)	0.045* (0.040)	0.103* (0.042)
删失数据虚拟变量	1.041*** (0.731)	1.305*** (0.327)	1.712*** (0.724)	1.123*** (0.324)
改革开放虚拟变量 (1989～1997)	2.981** (1.061)	6.117*** (1.509)	2.186* (1.049)	4.578** (1.496)
国企改革虚拟变量(1998～2001)	0.801*** (0.190)	2.092*** (0.367)	0.512** (0.193)	1.574*** (0.370)
卡方检验	3 677.892	3 677.892	3 718.807	3 737.576
自由度	20	20	21	21
“企业——年”数据个数	8 195	8 195	8 195	8 195

注：括号内为标准差。

* $p<0.05$，** $p<0.01$，*** $p<0.001$。

第四节　结果及分析

为了对模型的结果进行对比，本书分别采用集中度 CR_4、CR_8 对数据进行分析。模型 A 和模型 B 为不包含集中度和企业规模交互作用的基准模型，而模型 C 和模型 D 则为包含了资源分割交互作用 CR_n^* 企业规模的模型，运用 SPSS 15.0 中 Binary Logistic 对模型进行分析，结果如表 6－1 所示。可以看出，模型 C 和模型 D 得出的结果类似，因此本书选取模型 C 作为主要分析对象。

一、资源分割过程验证分析

如表 6－1 所示，模型 C 和模型 D 中有关资源分割变量的系数都表现为显著，这说明江苏省建筑企业的死亡率受到产业集中度、企业规模以及两者交互作用的共同影响。资源分割理论认为，产业集中度的提高会带来产业结构的整合，进而增加产业内企业的死亡率。伴随资源分割过程的出现，处于资源中心的大型企业竞争较为激烈，因此死亡率较高；而处于产业边缘的小型企业由于资源分割过程带来生存机会的增加，其死亡率反而会降低。但与一般的资源分割理论所得的结果相异，本书的研究表明，虽然产业集中度的系数显著，且为正，表明集中度的提高增加了建筑业中企业的死亡风险；但另一方面，与预期结果相反，小型企业相较于大型企业而言具有更高的死亡风险，并且这种死亡风险的差距随着产业集中度的提高有不断扩大的趋势，这可以从表 6－1 和图 6－5 中看出。

图 6－5 为产业集中度和企业规模共同作用的死亡率乘数图。可以看出，随着集中度增大、企业规模变小，死亡率乘数曲线趋于陡峭，表明江苏省建筑业的小型企业在集中度提高的情况下有较大的死亡风险。通过表 6－1 中 CR_n^* 企业规模的系数也可以同样看出，由于该系数为负并且显著，表明集中度对死亡率的影响将会随着组织规模的增大而变小。这符合资源分割初

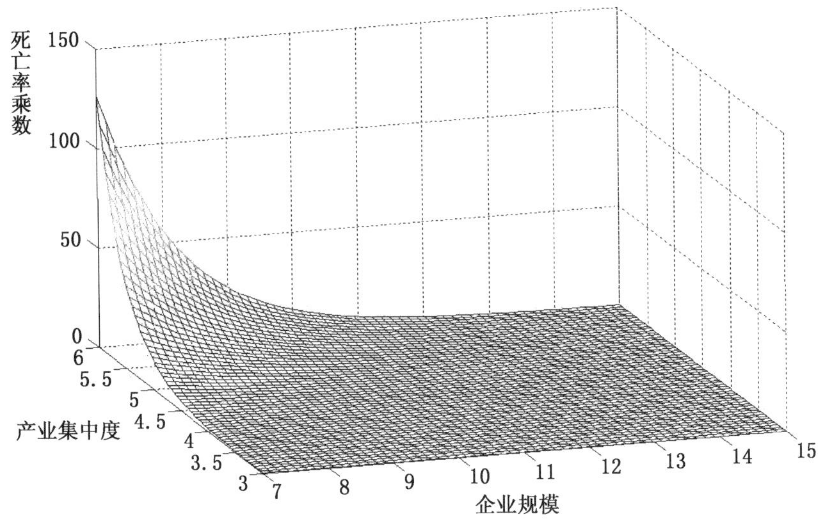

图 6—5　江苏省建筑企业资源分割过程的死亡率乘数

期的情况。在资源分割过程的初期，所有企业都集中在资源中心。此时由于规模效应，产业中的大企业更有竞争优势，小企业的死亡率较高。因此，一些小企业就开始逐步向边缘移动，寻找适合自己的生存空间，这样才产生了资源分割现象。

可以看出，虽然本书得出的结论与一般的资源分割理论得出的结论不符，但却反映了江苏省建筑业的特殊情况。从有关资源分割的理论介绍中可以看出，资源分割理论不仅关注资源的分割过程，也关注组织在资源中的位置。由于资源分割理论认为，资源是异质的，可以被分为资源中心和资源边缘。随着集中度的提高，大型企业和小型企业开始向其适合的位置变化，而产生了不单是资源的分割，实际上是企业的分割，即企业的分层竞争。Carroll、Dobrev 和 Swaminathan(2002)认为，企业若想在竞争中取得成功，所需依靠的不仅是其规模，企业在市场中的定位也同样重要。在有关荷兰日报的研究中，Boone 等人也认为，在资源分割的大背景下，企业的成功依赖于企业在资源空间中的位置。成功的报纸企业或者为集中于市场中心的大型多元化企业，或者是在市场边缘寻找到其适宜的生态位置的小型专业化企业(Boone、Carroll 和 van Witteloostuijn，2004)。但是这种企业间的分层竞争并没有出现在江苏省的建筑业中。江苏省建筑业产值的构成主要分为三大部分：建筑工程、安装工程和其他产值。根据对 2007 年江苏省建筑业产值最大的 10 家和产值最小的 10 家企业的统计可以看出(见图 6－6、图 6－7)，这两类企业的产值都主要集中于建筑工程。可以看出，江苏省建筑企业确实没有发生资源分割的过程。大型及小型企业都在争夺共同有限的市场资源。由于规模效应的作用，小型企业常常处于劣势地位，因此其死亡率较高。从图 6－5 中可以看出，这一现象随着集中度的提高有更加明显的趋势。由于集中度的提高伴随着大型企业的成长，而这会加大处于同一资源位置上的小型企业的压力，因此小型企业的死亡率将会升高。

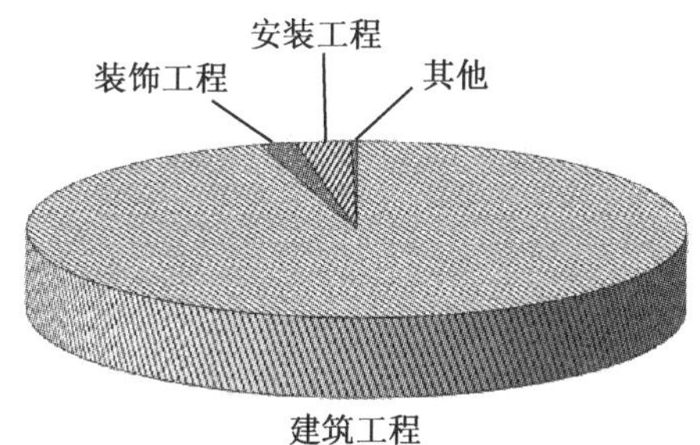

图 6－6　江苏省建筑业产值最大的 10 家企业的产值分布

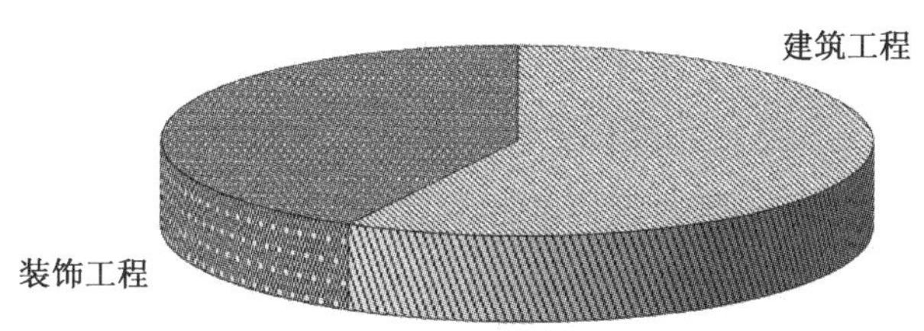

图 6－7　江苏省建筑业产值最小 10 家企业的产值分布

二、环境影响因素验证分析

(一)宏观经济因素

从表6－1中可以看出,除了江苏省建筑业产值增长率、全国房地产本年完成投资增长率、江苏省房屋建筑施工面积增长率三个指标以外,其他宏观经济因素都对江苏省建筑企业的死亡率有影响作用。其中,国内生产总值增长率、江苏省地区生产总值增长率以及全国固定资产投资增长率显著且符号为负,表示随着全国以及江苏省经济的发展、固定资产投资的增长,将为江苏省建筑业发展带来更多机会,企业的死亡风险将下降。另一方面,江苏省固定资产投资增长率、全国建筑业产值增长率以及江苏省房屋建筑竣工面积增长率三个指标显著且符号为正,为与预期相反的结果。与之前的三个指标不同,此三项指标为与江苏省建筑业高度相关的中观环境因素,本研究推断由这些与产业高度相关的中观环境因素所带动的产业升级同时也为产业带来更高的死亡风险。

(二)产业因素

一般认为,产业中种群密度的改变即企业数目的增加会对产业中企业的死亡率造成影响。但是从本研究的分析结果可以看出,种群密度及种群密度的二次项均表现为不显著。本研究推断在引入了产业结构变化过程后,种群密度的作用变得不再显著。

(三)企业因素

Hannan等人认为,新进入产业的企业在不熟悉产业规则的情况下,需要尽快建立与业主、客户以及其他相关者的关系,并同时与其他已具有较完备体系的产业生存者竞争,因此具有更高的死亡率,而随着生存时间的增加,这一死亡率将会降低,这就是年龄依赖(age dependence)理论。从表6－1中可以看出,江苏省建筑企业符合这一规律。即随着年龄的增大,企业死亡风险不断降低,这可以从模型C分段年龄的相关系数上看出。

(四)宏观政策因素

从表 6—1 的结果可以看出,改革开放发展期(1989～1997 年)和国企改革期(1998～2001 年),两个变量都表现为显著。说明宏观政策因素确实对江苏省建筑企业的死亡率造成了影响。但是改革开放发展期变量的系数为正,说明其对建筑企业死亡风险的影响为正。本书推断,改革开放后,经济的快速发展虽然为建筑企业带来了更多的机会,但同时由于企业逐步步入市场化,也为它们带来了更多不确定性因素和更大的风险。

参考文献

[1]Boone, C., Bröcheler, V., Carroll, G. R. "Custom service: Application and tests of resource-partitioning theory among Dutch auditing firms from 1896 to 1992". *Organization Studies*, 2000, 21(2): 355—381.

[2]Boone, C., Carroll, G. R., van Witteloostuijn, A. "Size, differentiation and the performance of Dutch daily newspaper". *Industrial and Corporate Change*, 2004, 13(1): 117—148.

[3]Carroll, G. R., Dobrev, S. D., Swaminathan, A. "Organizational processes of resource partitioning". *Research in Organizational Behavior*, 2002, 24: 1—40.

[4]Carroll, G. R., Swaminathan, A. "Why the microbrewery movement? Organizational dynamics of resource partitioning in the American brewing industry after prohibition". in 14th Meeting of the European Group of Organization Studies. 1998: Maastricht.

[5]Dobrev, S. D. "Decreasing concentration and reversibility of the resource partitioning process: Supply shortages and deregulation in the Bulgarian newspaper industry, 1987—1992". *Organization Studies*, 2000, 21(2): 383—404.

[6]Dobrev, S. D., Kim, T. Y., Carroll, G. R. "The evolution of organizational niches: U. S. automobile manufacturers, 1885—1981". *Administrative Science Quarterly*, 2002, 47(2): 233—264.

[7]Péli, G., Nooteboom, B. "Market partitioning and the geometry of the resource space". *American Journal of Sociology*, 1999, 10(4): 1132—1153.

[8]Seidel, M. D. L. "Competitive realignment in the airline industry: A dynamic analysis of generalist and specialist organizations under different network structure". Berkeley: University

of California at Berkeley, 1997.

[9]Yamaguchi, K. *Event History Analysis*. Applied Social Research Methods Series, ed. S. McElroy. London: Sage Publications, 1991.

[10]刘桦.基于建设项目的组织群体生态理论与应用研究[D].西安:西安建筑科技大学[博士论文],2007.

[11]彭璧玉.资源分割与产业组织的演化[J].学术月刊,2007,39(2):87—91.

[12]李小冬,关柯,李忠富.我国建筑产业集中度实证分析[J].建筑经济,2001(6).

[13]杜本峰.事件史分析及其应用[M].北京:经济科学出版社,2008.

[14]范小琪.江苏省建筑业产业集中度研究[D].南京:东南大学[博士论文],2006.

[15]郭志刚.历时研究与事件史分析[J].中国人口科学,2001(1):67—72.

第七章

企业国际化的年龄依赖效应

自从 2001 年加入世界贸易组织以来，中国企业的国际化进程快速发展，出口产值和对外直接投资额连续增长。中国企业快速国际化的步伐令世界震惊，也吸引了学术界的研究热情。本研究从企业年龄的视角对中国企业国际化的行为进行诠释。组织生态学家发现了企业生存的“年龄依赖”效应，即企业的死亡率随着年龄的改变而发生变化。本研究认为，企业国际化也存在“年龄依赖”现象，国际化倾向将随年龄而发生改变。在综合了国际化阶段理论（process theory of internationalization）和天生国际化理论（international new venture）的基础上，本研究提出了企业国际化的“年龄依赖”理论。即受到企业年龄所代表的国际化动力和国际化能力的共同影响，企业年龄与企业国际化之间存在 U 形关系。此外，企业年龄与企业国际化的非线性关系还受到企业规模、企业生产率等企业内部因素的调节。通过运用中国制造业企业 1998～2007 年的数据，企业国际化的年龄依赖效应得到了论证。此外，本研究还发现，企业年龄和企业国际化之间的这种 U 形关系随着企业规模的增大而加强。

第一节 企业国际化的年龄依赖现象

如第二章中组织生态学的研究框架中所述，年龄依赖理论是组织生态学中组织个体研究层面最重要的理论之一，它认为组织的生存和死亡与组织年龄之间存在密不可分的关系。而实际上，不止组织的生存和死亡，组织在生存过程中一切的生产和经营活动其实都与组织的年龄有着密不可分的关系。Jones 和 Coviello(2005)认为，企业的国际化活动其实是时间的函数，本研究用企业年龄来定义企业国际化的时间，将着重研究企业国际化的年龄依赖现象。

有关企业国际化扩张的研究问题可以简单概括为扩张到哪里、怎样扩张、何时扩张，即国际化市场、模式和时间的选择(Gaba 等，2002)。与前两个议题相比，国际化时间的研究一直被学术界所忽视。然而，随着 Oviatt 和 McDougall(1995)有关“天生国际企业”论文的诞生，关于国际化时间的研究似乎获得了越来越多的关注。天生国际化理论与 Johanson 和 Vahlne (1977，1990)代表的国际化阶段理论不同，后者认为国际化是一个循序渐进的积累过程，企业进入国际化市场时间较晚。而天生国际化理论则认为，国际化是一个机会寻求的过程，企业凭借特殊的资源和产品在建立初期就可以进行国际化活动。过长的国内经营时间反而会增加企业的结构惯性，降低其国际化意愿。看似矛盾的两个理论都得到了大量的实证支持，从而引发了我们的研究兴趣：何时才是企业国际化的最佳时间？企业国际化是否存在“年龄依赖”现象？

2013 年，中国企业出口总额达到 2.21 万亿美元，位列全球货物贸易第一。与此同时，中国对外直接投资从 2000 年的不足 10 亿美元迅速增长至 2012 年的 878 亿美元，跃升为世界三大对外投资国之一，中国企业快速国际化过程令世界震惊。通过对中国 1998～2007 年成立的 48 561 家制造业企业的研究，笔者发现，约有 25％的企业在成立两年之内就有出口行为(见图

7—1),且随着企业的规模、所有制、所属产业、所属地区呈现出较为显著的差异。学者们把中国企业这种快速国际化的过程归因于中国特殊的制度环境(Peng 等,2008)——境外投资者带来的合法性影响(Luo 和 Tung,2007)。然而,目前还缺少有关中国企业国际化时间依存效应的系统研究。本研究将以中国制造业为背景,研究中国制造业企业的“年龄依赖”效应。

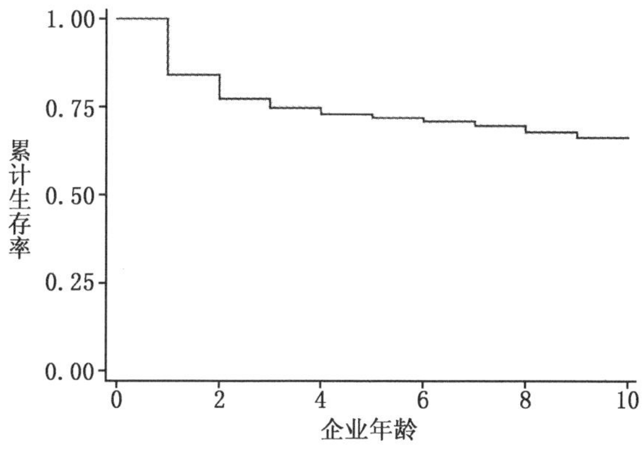

图 7—1 企业出口年龄的生存曲线

第二节 研究现状

一、时间与国际化

时间是国际化研究的基础,因为如前所述,国际化行为是受限于企业内部因素和外部环境的时间的函数。Jones 和 Coviello(2005)指出“每一个企业都有一个由国际化历史事件组成的历史”。“时间”对国际化而言有多种重要含义,其可以代表企业国际化的宏观时代背景,如 Mitchell 等(1994)对加拿大公司进入美国市场的研究,Gaba 等(2002)对中国改革开放背景下外国企业进入时间选择的研究;可以代表国际化企业在国际市场的存活时间,如 Chen(2012)、陈勇兵等(2012)、魏自儒和李子奈(2013)对企业出口持续时间的研究，以及 Mitchell 等(1994)、Kronborg 和 Thomsen (2009)、Mata 和 Freitas(2012)对 FDI 存活时间的研究；其也可以表示企业在时间轴上连续进入或持续扩张的时点和战略选择，如 Chang(1995)对日本企业海外扩张多次进入时间的研究。而本研究将企业的年龄作为度量时间的指标，研究企业初始国际化的“年龄依赖”效应。即研究企业从成立到第一次进入国际市场的时间。由于时间的不可逆性，年龄是企业最无法回避却又无力改变的要素，对企业的国际化战略具有重要意义。多名学者在其研究中论述了企业年龄对国际化研究的重要性，但企业年龄多在企业国际化的研究中被作为控制变量加入研究中，而真正的国际化与企业年龄之间的关系并未得到应有的重视(Andersen，1997；Jones 和 Coviello，2005；Keupp 和 Gassmann，2009；Zahra 等，2000)。

二、企业初始国际化年龄的选择：两种观点

虽然在企业国际化方面积累了大量的研究理论和成果，然而如前所述，目前的研究主要集中在扩张到哪里(如目标国市场的选择)以及怎样扩张(如国际化方式的选择)方面。而企业国际化的一个重要维度——何时扩张——的研究仍然较少。目前，与企业扩张年龄的相关研究理论可以分为两个派别。

(一)国际化阶段理论

Johanson 和 Vahlne(1977，1990)提出的国际化阶段理论(Process Theory of Internationalization)，被简称为 PTI 或 Uppsala 理论。PTI 理论主张国际化是一个渐进的、积累的过程。企业在国际市场上将遭遇外来者缺陷、市场不确定性以及信息不对称等不利影响。因此企业倾向于从之前的经营过程中学习经验、积累资源、培育能力以应对这些影响(Eriksson 等，1997；Mezias，2002；Zahra，1995)。企业知识的积累和资源的获取是一个缓慢的过程，企业只有在风险较小的国内市场积累了足够多的能力时，才会谋求国际市场的发展(Johanson 和 Vahlne，2009；Leonidou 和 Katsikeas，1996；林治洪

等,2013)。因此,企业应首先在国内经营,然后通过积累和循序渐进的过程逐步涉足国际市场。PTI 理论认为,企业年龄代表着其国际化能力培育的过程,国际化进程通常发生在年龄较大的企业中。

(二)天生国际化理论

Oviatt 和 McDougall(1994)提出的天生国际化理论(International New Venture),被简称为 INV 理论。天生国际化理论的提出在学术界掀起了一股研究企业国际扩张的新热潮。与传统的 PTI 理论不同,INV 理论发现,越来越多的企业在非常年轻的时候就进入了国际市场,有些甚至是天生的国际化企业。在 INV 理论的基础上,有关国际化诞生(born global)、加速国际化(accelerated internationalization)和国际创业(international entrepreneurship)等研究应运而生(Keupp 和 Gassmann,2009;McDougall 和 Oviatt,2000;Zahra 和 George,2002)。学者们从不同角度对天生国际化的概念和行为进行了界定(见表 7—1)。

表 7—1　　国际创业的主要定义

作者及年份	概念界定
Oviatt 和 McDougall(1994)	新企业利用国际资源或市场,寻求获取竞争优势以实现国际化成长
Wright 和 Ricks(2004)	公司层面(包括创新企业和成熟企业)跨越国界的创新行为与创业活动
McDougall 和 Oviatt(1996)	以实现组织内价值创造和成长为目标的企业跨国界创新行为
Zahra 和 Garvis(2000)	不同年龄、规模的企业为进入国际市场而从事的创新活动和冒险性行为
McDougall 和 Oviatt(2000)	以实现组织价值创造为目标的跨国界创新、超前行动和冒险性行动
Zahra 和 George(2002)	创造性地发现、开发国际机会以追求竞争优势的过程
Oviatt 和 McDougall(2005)	发现、设定、评估和利用跨国界商机,以创造未来商品和服务

资料来源:薛求知、朱吉庆,2006。

天生国际企业实质上是一种新的跨国界的企业发展和创新活动。学者们认为一些特殊的组织和环境因素促使了天生国际企业的诞生，包括：

(1)企业家先前的国际经验，如企业家的国际工作和教育背景、关系网络和国际视野等(Ellis，2011；Ganotakis 和 Love，2012；McDougall 和 Oviatt，1996；Oviatt 和 McDougall，1995；Shrader 等，2000)。

(2)企业拥有一些特殊的资源，如企业生产能力(Fan 和 Phan，2007)、知识技术资源(Wood 等，2011；Zhou 等，2010)、研发资源(Knight 和 Cavusgil，2004)、网络资源(Zhou、Barnes 和 Lu，2010)等。

(3)企业特殊的战略导向(Chang 和 Rhee，2011)。

(4)产业类型(Autio 等，2000；Oviatt 和 McDougall，1994)、产业集中度和竞争水平(Fernhaber 等，2008)。

(5)母国和国际市场的规模(Fan 和 Phan，2007)以及制度环境(Coeurderoy 和 Murray，2008；George 和 Prabhu，2000)等。

INV 理论显著区别于 PTI 的论点在于基于结构惯性理论。INV 认为企业国际化的动力会随着企业年龄的增长而减小(Guillen，2002；Kim 等，2012)。Autio、Sapienza 和 Almeida(2000)认为，企业在国内市场上投入越多的时间和精力、建立越多的联系和人脉，就越不情愿将其经营转向国际市场，企业国际扩张的可能性就越低。Sapienza 等 (2006)同样指出，较晚进行国际化的企业在培育了组织能力的同时，也增大了组织战略变革的结构惰性。

国内学者也对天生国际企业的相关文献进行了梳理(朱吉庆，2009；薛求知和朱吉庆，2006)，并在中国企业中发现了大量天生国际企业的证据(刘德学和范兆斌，2009；刘阳春等，2012；赵优珍，2004；陈曦等，2009)，认为主要是由企业家国际经验及国际愿景促成的(张骁和杨忠，2007；李文臣，2008；钱海燕和张骁，2013)，并且这种企业家精神会随着企业全球化扩张阶段的变化而发生改变(杨忠等，2007)。此外，蔡荣生和王勇 (2009)应用生存分析的方法对中国大型零售企业初始国际化的时间进行了研究，发现本国和目标国的宏观环境、国际化模式都会对企业的初始国际化时间产生影响。

三、初始国际化年龄对企业国际化发展的影响

在国际化阶段理论(PTI)和天生国际化理论(INV)的基础上,一些学者研究了选择不同时间国际化的企业的市场表现作为研究焦点,研究不同的进入国际化的时间节点对企业国际化绩效的影响。延续了之前有关PTI和INV的争论,对于初始国际化年龄对企业后期发展的影响也持两种观点。一些学者认为,渐进的国际化过程与国际化后的表现为正相关。企业在进行国际化之前的积累为企业提供了国际市场发展的必要资源,循序渐进的国际化过程使管理者可以从以前过程中吸取经验,提高企业抵御风险的能力(Delios 和 Beamish,2001;Johanson 和 Vahlne,2009;Kim、Lu 和 Rhee,2012;林治洪、陈岩和秦学志,2013;肖文等,2009)。Vermeulen 和 Barkema (2002)引入时间挤压不经济理论对国际化的速度进行分析,提出了类似的观点,认为过快的国际化速度影响了企业经验积累和能力的培养过程,将降低企业的国际化表现。而 Shinkle 和 Kriauciunas (2010)从制度经济学的角度,将转型经济体中的企业年龄作为与政府关系和企业社会网络的象征,认为随着企业年龄的增加,企业将获得更多的出口政策支持,从而促进出口的增长。

另一些学者,主要是INV理论的支持者,从组织学习的角度认为,年轻企业有明显的学习能力优势(Zheng 等,2012;Zhou、Barnes 和 Lu,2010)。年轻企业在国际市场发展时较少受到组织既有规则和现有知识的限制,不受国内关系网络的影响和约束,因此有更强的吸收国际知识和适应国际市场的能力(Autio,Sapienza 和 Almeida,2000;Knight 和 Cavusgil,2004;Mudambi 和 Zahra,2007;Sapienza、Autio、George 和 Zahra,2006;Wood,Khavul、Perez-Nordtvedt、Prakhya、Dabrowski 和 Zheng,2011;Zahra,2005)。此外,Chang 和 Rhee (2011)从先驱者优势的角度认为,快速国际化会对企业绩效产生促进作用。

从文献综述可以看出，目前的相关文献主要在分析和解释渐进国际化企业或天生国际企业在国际市场成功的原因，而真正关注企业初始化年龄对国际化发展的研究还很少。Autio、Sapienza 和 Almeida (2000)开创了这一领域的先河，认为企业初始国际化年龄与企业国际化销售增长速度负相关。而 Sapienza、Autio、George 和 Zahra (2006)在 Autio 等人的基础上继续拓展，发现企业初始国际化的年龄不仅影响企业的增长速度，还影响企业的生存。

四、文献述评

首先，有关企业国际化时间的研究仍未建立系统研究框架。与国际化进入模式和进入市场的研究相比，对企业国际化时间的研究仍然较少。目前的国际化研究在交易成本理论、资源理论等的影响下倾向于分析要素(成本、投资、风险等)对企业理性决策的影响，普遍认为企业的进入决策是与时间无关的独立过程。而实际上，企业的每个国际化行为都与时间有密不可分的关系，企业国际化行为是时间的函数，每一个时点的行为都会对后期发展产生影响。但目前仍未建立此方面的研究框架，企业国际化行为在时间轴上仍很难理解和预测。虽然随着 Oviatt 和 McDougall (1994)的研究——《天生国际企业理论》(*Toward a theory of international new venture*)——的发表，似乎研究者对于国际化时间的关注程度越来越多。但总体而言，“天生国际企业”被作为一种特殊类型的企业，目前的有关研究仍集中在什么是天生国际企业，什么因素促进了天生国际企业的发展以及天生国际企业在市场中的表现三个方面。而核心问题——有关时间与国际化之间的关系，仍然没有得到充分的重视。

其次，年龄对企业国际化所产生的影响仍存在矛盾观点。何时才是企业国际化的最佳时机？不同时间国际化的企业在国际市场上的表现怎样？目前这些方面的研究都尚未形成一致观点。一些学者将 INV 看作新形势下对传统模式的一种挑战，但也有很多学者认为，INV 不应被解释为一种特殊现象(Keupp 和 Gassmann,2009;Zahra,2005),应当寻求企业国际化"年龄依赖"理论下的共性规律。

最后,有关新兴经济体的研究仍然处于探索阶段,企业发展的相关原理仍不清晰。新兴经济体中经济发展环境的快速变革、制度的不完善性等都使企业年龄拥有了不同的含义。但是企业国际化的时间依存效应还鲜有在新兴经济体内得到研究的。

基于以上研究中存在的问题,本研究将在中国新兴经济体的背景下建立企业国际化的时间研究框架,着重分析企业年龄对初始国际化决策的影响,融合 PTI 理论和 INV 理论,分析年龄代表的企业国际化能力和国际化动力对企业国际化倾向的非线性影响关系。

第三节　研究理论与假设

组织生态学提出了"年龄依赖"理论,指出企业的死亡风险随着企业年龄的改变而发生变化。在此理论基础上,我们认为,不只是企业的死亡风险随着企业年龄的变化而发生改变,事实上,企业内部的要素、企业和外部环境的关系都随着企业年龄的改变而发生变化。这些变化又进一步影响企业的发展战略决策。在本研究中,我们将着重研究企业的国际化随着年龄的改变而发生的变化,我们将企业的国际化战略随着企业的年龄发生改变的这一趋势称为"国际化的年龄依赖"理论(age dependence of internationalization)。

企业的国际化与企业年龄有着密不可分的关系。例如,国际化的学习能力随着年龄的改变而发生变化,这将进一步阻止(Autio、Sapienza 和 Almeida,2000;Sapienza、Autio、George 和 Zahra,2006)或促进(Johanson 和 Vahlne,2009)企业的国际化行为;在发展经济体中,企业的制度关系随着企业年龄的增长而改变,这将使年龄大的企业在国际化时有可能获得更多来自政府的支持,从而促进它们的国际化扩张行为(Shinkle 和 Kriauciunas,

2010)。而在本研究中,我们主要关注两个与企业国际化年龄相关的重要理论,即国际化阶段理论和天生国际化理论。

国际市场中充满各种的不确定性、风险以及信息不对称。在这样的环境中,外国公司要面对一定的"外来者缺陷"(Mezias,2002),即进行扩张的外国企业与本地企业相比,由于面对更多的风险和挑战,在短时期内更容易死亡。为了应对这些劣势,企业一般倾向于在向国外扩张前,先稳固在国内市场的经营。通过在国内市场多年的经营,企业可以积累更多的资源、知识和经验,这些都有助于企业未来的国际扩张行为并抵消一部分外来者缺陷(Johanson 和 Vahlne,1977;Johanson 和 Vahlne,1990;Johanson 和 Vahlne,2009)。根据能力积累的观点,国际化阶段理论认为,企业的国际化是一个逐步积累的过程,企业的国际化行为更易于发生在企业生命周期成熟或后期阶段。

然而近期的研究发现,大量的企业在企业成立的早期就进入了国际市场,有些甚至是天生的国际企业,即在企业的成立之初就面向国际市场(Fan 和 Phan, 2007; Keupp 和 Gassmann, 2009; Knight 和 Cavusgil, 2004; Mathews 和 Zander,2007;Yu 等,2011;Zahra,2005)。这些年轻的企业不仅仅战胜了外来者缺陷,同时战胜了"新进入缺陷"。这一现象极大地挑战了传统的国际化阶段理论。Oviatt 和 McDougall (1994)将这些企业定义为天生国际化企业(INVs),将其与传统的国际化企业相区分。

学者们分析了一系列促使天生国际企业产生的原因:

(1)国内市场的规模不足,以及国际市场巨大的机遇和吸引力(Coeurderoy 和 Murray,2008;Fernhaber、Gilbert 和 McDougall,2008)。

(2)在快速变化的商业环境中,快速行动的企业更有可能获得先驱者优势(first mover advantage)。

(3)企业一些特殊的能力能促使企业在成立的早期发现并介入一些其他企业无法发现或无法开展活动的国际市场中,如企业管理层的国际经验等(Autio、Sapienza 和 Almeida,2000;Fan 和 Phan,2007;Oviatt 和 McDougall,1994;Shrader、Oviatt 和 McDougall,2000;Wood、Khavul、Perez-Nordtvedt、Prakhya、Dabrowski 和 Zheng,2011)。

此外,与国际化阶段理论相反,天生国际化理论认为,企业年龄增长的过程是一个阻止企业国际化扩张的过程。天生国际化理论认为,随着企业年龄的增长,企业的结构惯性也将随之增长,而这种惯性将阻碍企业的国际扩张行为。

越来越多的研究将天生国际企业作为传统的国际化阶段理论的对立面(Dimitratos 和 Jones, 2005; Oviatt 和 McDougall, 1994; Rialp 等, 2005; Zahra,2005)。然而与之前的研究不同,我们认为,国际化阶段理论与天生国际化理论是两个互补理论,而不是相互矛盾的竞争理论。这两个理论之所以得出相反的结论,是因为这两个理论分别关注了年龄的两个不同方面。

组织生态学中的年龄依赖理论中提出了企业死亡率与企业年龄之间的倒 U 形假设,而本研究则在天生国际化理论和国际化阶段理论的基础上提出了企业国际化倾向与企业年龄之间的 U 形假设。首先,本研究认为,国际化阶段理论主要关注了国际化的"能力方面",随着企业年龄的增长,国际化阶段理论认为企业将从之前的经营活动中获得更多的有助于国际化的能力(如信息、知识和资金),使企业具备国际化的条件,并在国际化市场上更加具有竞争力。另一方面,本研究认为天生国际化理论强调企业国际化的"渴望"或"抱负"方面。天生国际化理论认为,随着国际化环境的改善(如交通和信息流动的便利性)和一些企业拥有特殊的先天禀赋(如企业家的国际经验),一些出色的企业完全具备在其创建初期就进行国际化扩张的能力。而由于结构惯性的效应,这种国际化的"渴望"可能会随着年龄的增大而减小。本研究认为,随着年龄变化的企业的能力和渴望将最终影响企业的国际化倾向。其实,国际化阶段理论和天生国际化理论都只是描述了企业国际化的部分现象,只有把这两者有机地结合起来,才能获得国际化的年龄依赖的完整演化过程。

一、能力、渴望以及国际化的年龄依赖效应

在国际化阶段理论看来，一个进行跨国经营的企业需要学习如何在一个陌生的环境中开展经营活动，需要适应文化的多元性以及制度的变化，同时需要处理和东道国的新的劳动力、供应商、消费者、政府以及竞争者之间的关系。跨国的经营活动是充满风险的，以上各个活动只要有一项处理不好，企业就面临着倒闭或者退出的风险。企业因此需要在进行跨国活动前积累足够多的能力以处理在跨国经营活动中遇到的复杂的情况。而这种能力通常被定义为国际化的能力(capability of internationalization)。传统的国际化理论认为企业年龄将是促进这种国际化能力发展的关键要素，因为与国际化能力有关的要素多随着年龄的增长而增加(如知识、经验、社会网络以及信用)(Dunning，1980；Dunning，1998；Helfat 和 Lieberman，2002；Johanson 和 Vahlne，1977；Johanson 和 Vahlne，1990)。Vermeulen 和 Barkema (2002)指出，由于有限理性的作用，学习是一个费时的过程，这一过程不能够被轻易地压缩。Johanson 和 Vahlne (2009)同样指出，工作关系的建立需要时间，在大多数研究中通常需要至少 5 年的时间。因此，我们认为国际化的能力是一个随着企业年龄增长而单调上升的过程(见图 7—2)。

与强调企业国际化能力的国际化阶段理论相反，天生国际化理论更多地强调企业国际化的激情或国际化的动力。天生国际化理论指出，年轻的企业更乐意在国际市场上寻找机遇并承担风险。本研究将这种行为定义为年轻企业的国际化动力。天生国际化理论认为，出于要逃离竞争激烈的国内市场或抓住先驱者优势的目的，年轻企业有非常强的向国际市场拓展的意愿和动力(Chang 和 Rhee，2011；Coeurderoy 和 Murray，2008；Fan 和 Phan，2007；Oviatt 和 McDougall，2005)。然而，由于结构惯性的作用，这种国际化的动力会随着企业年龄的增长而逐步下降。在组织生态学的研究中，结构惯性是指组织将更强调规范化的流程和控制体系，增强组织的可预测性和刚性，即组织内部的人、财、物、信息等一切按部就班。这降低了组织

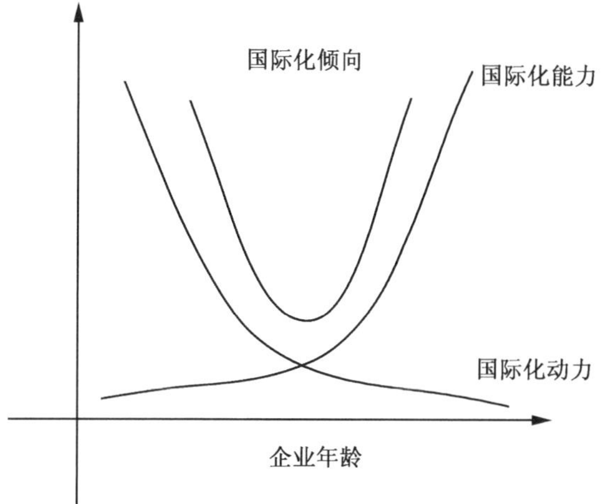

图 7—2　国际化倾向与企业年龄

的灵活性，加大了组织的结构惯性，并阻碍企业的变革行为（Hannan 和 Freeman，1984）。结构惯性减慢了组织对外界负面信号的反应速度，因为企业处于惯性的作用通常会选择重复之前的决策行为（Desai，2008）。由于企业的国际化也是一个类似于企业变革的过程，因此也受限于结构惯性的影响。Autio、Sapienza 和 Almeida（2000）认为，企业花在国内市场上的时间越多，企业将越抗拒将它们的经营扩张至国际市场。即使是在国内市场不景气的情况下，与日俱增的结构惯性也将腐蚀企业的改变和国际化的热情（Guillen，2002）。因此，我们认为，企业的国际化动力是随着企业年龄增加而单调递减的过程（见图 7—2）。综合之前的国际化能力和国际化动力论述，我们得出：

假设 1：企业国际化倾向与企业年龄之间呈现出 U 形曲线关系。

如图 7—2 所示，我们认为主要受到企业国际化动力作用的影响，在企业成立早期，企业的国际化倾向很高。这种倾向将随着年龄的增长而减小。然而，在企业达到特定的时间节点之后，企业的国际化能力将起主要作用，这时，企业的国际化倾向转而增强。

同时，我们认为企业的国际化倾向与企业的年龄之间的关系还受到企业内部因素和外部环境的影响。在这样的假设下，我们引入了企业国际化倾向和企业年龄关系的调节变量。

二、企业规模与国际化的年龄依赖效应

企业规模通常被认为是表现企业资源和能力的重要指标，因此它也将对企业的国际化倾向产生影响。企业规模越大，一般表示企业拥有更多的资源，如员工、资金、技术和管理资源等。同时，规模较大的企业具有较好的风险抵抗能力，在母国和东道国市场上拥有较强的谈判能力及规模优势，这些都增强了企业国际化的能力（Bonaccorsi，1992；Gaba、Pan 和 Ungson，2002；Shinkle 和 Kriauciunas，2010）。因此，在其他条件一定的情况下，我们认为，企业的规模越大，其国际化的能力越强。

然而，较大的规模在意味着较强的能力的同时也暗示着较大的结构惯性。组织生态学研究一直认为，组织进行变革的可能性与组织的规模成反比（Dobrev 等，2003；Haveman，1993）。在此研究中，我们也认为，企业的规模将降低企业国际化的动力，主要是由以下两个原因造成的：

（1）正如组织生态学所认为的，较大的企业规模意味着更加官僚和僵化的体制。大企业中，标准化的流程将取代人与人之间灵活的联系；程式化的决策制定过程将降低企业探索的激情（Merton，1957）。

（2）由于规模优势和范围优势的存在，大企业通常在国内市场中拥有更强的竞争优势，这在一定程度上降低了它们向国外市场扩张的动力和热情。

因此，我们认为，在其他条件一定的情况下，企业的规模越大，企业拓展的动力越低。由于年轻企业的国际化扩张主要由国际化动力驱使，而成熟企业的国际化扩张主要由国际化能力驱使。因此，我们假设：

假设 2：企业规模将调节国际化倾向和企业年龄之间的关系。对年轻的企业，企业规模越大，国际化的年龄依赖效应越弱；而对于成熟的企业，企业规模越大，国际化的年龄依赖效应越强。

三、企业生产率与国际化的年龄依赖效应

企业的生产率是企业研究中一直被关注的焦点问题，尤其在发展中国家的背景下。通常，企业的生产率被视为和企业的能力高度相关。事实上，企业的生产率通常被作为衡量企业能力的一个重要指标。企业的生产率度量了企业生产的效率，一个企业的生产率越高表明它能在使用相同资源的条件下，创造出更多的经济效益和价值，表明企业在国内和国际市场上拥有更强的竞争优势。由于具有更低的边际成本，生产率高的企业通常更容易打败国际市场上潜在的竞争者，并更有效地调动各种国际资源来应对其在国际市场上的新进入缺陷和外来者缺陷（Ganotakis 和 Love，2012；Harris 和 Li，2011）。因此，我们认为，在其他条件一定的情况下，企业的生产率越高，它的国际扩张能力越强。

根据自选择理论（self-selection arguments），生产率越高的企业越有可能进行国际化扩张。企业较高的生产率更有可能给予企业较高的国际市场竞争力和利润率，从而弥补其在进驻国际市场时的边际成本（Bernard 等，2003；Clerides 等，1998；Melitz，2003）。同时，生产率较高的企业也会乐意为它们丰富的产品寻找更广阔的国际市场（Cassiman 和 Golovko，2011）。综合来看，我们认为，企业的生产率越高，企业国际化扩张的动力越强。由于年轻企业的国际化扩张主要由国际化动力驱使，而成熟企业的国际化扩张主要由国际化能力驱使。结合前文的假设，我们提出：

假设 3：企业的生产率将调节国际化倾向和企业年龄之间的关系。企业生产率越高，国际化的年龄依赖效应越强。

第四节 研究方法与数据

一、数据来源

本研究的数据主要来自于中国统计局编制的《中国工业企业数据库》(1998～2007年)。《中国工业企业数据库》被认为是研究中国企业最权威、最全面的微观数据库。它包含了三个主要的工业产业类别:采矿业、制造业以及电力能源等的生产零售业。本研究主要选取了制造业作为研究对象,同时删除了一些垄断产业(烟草制造业、武器弹药制造业)以及数据缺失产业(仪器仪表及文化、办公用机械制造业)。为了观察企业年龄对它的初始国际化行为的影响作用,本研究只关注了在1998年及以后建立的企业信息。另外,由于我们最关心的问题是企业第一次国际化的时间,因此企业在第一次国际化以后的信息被删除。最后,我们的数据共包含了26个产业的31个省市区的47 405家企业的103 424条数据。

二、变量定义

(一)企业国际化(Internationalization)

由于企业的出口行为被认为是企业最初的国际化行为(Sullivan,1994),本研究选取了企业的出口行为作为衡量企业最初国际化行为的变量。根据企业当年的出口产值,它被定义为企业当年是否有出口行为(1表示出口产值>0,0表示出口产值=0)。

(二)企业年龄(Age)

企业自从建立以来的年数被定义为企业的年龄。例如,当企业在1998年建立时,它的年龄在1998年为1,以此类推。根据对数据的初步分析,我们发现有近25%的样本企业在成立的两年之内有出口行为。

(三)企业规模(Size)

根据之前的研究(Martin 等,1998),我们选用企业的员工数目来测度企业的规模。因为一个拥有较多员工的企业通常暗示着企业更有可能出于管理的需要而更加官僚化;同时,一个拥有众多员工的企业通常也表明企业拥有更多的资源,并获得更多的政府支持,特别是在新兴经济体中(Shinkle 和 Kriauciunas,2010)。

(四)企业生产率(Productivity)

本研究中,我们用劳动生产率来度量企业的生产效率。由于我们不能掌握确切的企业层面的工作时间的数据,我们将劳动生产率定义为每一个员工的工业增加值(Ito 和 Lechevlier,2010)。企业的员工数目和工业增加值都直接从《中国工业企业数据库》中获取。

(五)控制变量

本研究中,为了控制企业、产业、地区和时间因素对企业国际化倾向的影响,我们分别引入了企业、产业、区域和时间层面的 10 个控制变量

1. 企业控制变量

我们相信企业的绩效将影响企业的国际化扩张决策(Yu、Gilbert 和 Oviatt,2011),因此,企业的产值(Output Value)作为公司层面的控制变量被引入研究中。

2. 产业控制变量

首先,我们引入了产业的产值(Industry Output Value)来控制各产业的市场丰沛程度对企业国际化决策的影响,它被定义为两位代码产业的所有企业的产值之和。其次,由于本地的企业竞争被认为是促进企业国际化的重要因素之一(Coeurderoy 和 Murray,2008),我们选取了产业集中度(Concentration Ratio)来度量产业的竞争程度。产业集中度被定义为二位代码产业中产值最大的四家企业的总产值占该产业总产值的比重。最后,最近有研究表明,高新技术产业与传统产业相比,倾向于选择不同的国际化方式,比如较早进入国际市场的策略(Chang 和 Rhee,2011;Coeurderoy 和 Murray,2008)。为了控制这种影响,我们引入了高新技术产业(High-tech)的虚拟变量对高新技术企业加以控制(1 表示高新技术企业)。根据中国政府颁布的高新技术产业指导目录,医药制造业、交通运输设备制造业、电气机械及器材制造业、电子及通信设备制造业以及专用设备制造业被定义为高新技术产业。

3. 地区控制变量

首先,我们引入了地区生产总值(Regional GDP)作为地区控制变量。地区生产总值反映了地区的市场规模,而本地的市场规模将对本地企业的国际化决策产生重要的影响。其次,受到国际化合法性外溢效果的影响(Kostova 和 Zaheer,1999),以及企业社会网络的影响(Yiu 等,2007),企业的国际化倾向与其他企业的国际化行为高度相关。因此,一个地区中出口企业的数量(Export Company)被作为控制变量纳入本研究中。再次,中国市场化导向的制度改革是影响中国经济和企业发展的关键要素,然而中国市场化的进程长期以来一直存在着严重的区域发展不平衡现象。对于新兴经济体中的企业而言,制度环境对企业生存和发展有着重要的影响作用。Peng、Wang 和 Jiang (2008)也提出制度环境是影响中国企业国际化战略的重要因素。因此,我们的研究中引入了区域的市场化(Market)指标来对地区的市场化进程进行控制。这个指标主要参考了樊纲等 (2003)的市场化指数。该指数包括了政府与市场的关系、非国有经济的发展、产品市场的发育程度、要素市场的发育程度与市场中介组织的发育以及法律制度环境 5 个方面指标。该指标系统从 1991 年以来每年都会更新,是目前较全面地反映中国区域市场化进程的指标。最后,为了控制中国区域发展不平衡对企业国际化选择的影响,我们引入了沿海地区虚拟变量(Coast),包括北京、天津、河北、辽宁、上海、江苏、浙江、福建、山东和广东等地区。

4. 时间控制变量

中国在 2001 年加入了世界贸易组织,这一时间对中国企业的国际化产生了深远的影响。因此我们定义了世贸组织虚拟变量,对 2001 年之后的数据取值为1。

所有变量的统计性描述和相关性分析如表7—2所示。

表7—2 统计性描述与相关性分析

序号	变量	均值	标准差	1	2	3	4	5	6	7	8	9	10	11
1	Age	2.04	1.28											
2	Size	156.19	293.42	0.07										
3	Productivity	127.23	449.98	0.07	−0.04									
4	Ln(Output Value)	9.94	1.27	0.33	0.37	0.25								
5	Ln(Industry Output Value)	9.03	0.82	0.17	−0.01	0.08	0.20							
6	Concentration Ratio	5.66	3.25	−0.02	0.08	0.04	0.11	0.04						
7	Ln(Regional GDP)	9.24	0.72	0.05	−0.09	0.05	0.10	0.23	−0.13					
8	Ln(Export Company)	4.64	1.94	−0.08	−0.06	−0.02	−0.02	0.22	−0.30	0.67				
9	Market	7.91	1.89	0.07	−0.09	0.04	0.11	0.25	−0.11	0.78	0.69			
10	WTO	0.96	0.20	0.09	−0.02	0.03	0.10	0.30	−0.02	0.24	0.10	0.32		
11	High-tech	0.11	0.31	−0.02	0.03	0.01	0.01	0.07	0.29	0.01	−0.01	0.03	−0.01	
12	Coast	0.67	0.47	−0.06	−0.05	0.01	0.03	0.01	−0.06	0.65	0.64	0.65	0.06	0.01

注:Ln为取对数值。

三、研究方法

在本研究中,我们持续记录企业1998～2007年的经营情况,直至发现企业有出口的行为。因此,我们得到一个非平衡面板数据结构。为了对国际化的年龄依赖理论进行验证,我们引入了二元Logistic模型。

为了验证企业年龄和国际化之间的U形关系,我们引入了企业年龄的平方项。此外,为了验证假设2和假设3中的调节作用,我们引入了企业年龄和调节变量的交互项。为了减少数据的多重共线性,我们对数据进行了标准化处理。最后,我们运用STATA中的XTGEE对数据进行了分析。

第五节 实证结果

表 7—3　　基于二元 Logistic 模型的中国制造业企业国际化的年龄依赖效应分析

变量	模型 1	模型 2	模型 3	模型 4
自变量				
Age		−0.95*** (0.02)	−0.84*** (0.02)	−0.96*** (0.02)
Age^2		0.15*** (0.01)	0.13*** (0.01)	0.14*** (0.01)
调节变量				
Size			0.21*** (0.01)	
Productivity				−0.27*** (0.04)
交互变量				
Size×Age			−0.07*** (0.01)	
Size×Age^2			0.02** (0.01)	
Productivity×Age				−0.05(0.05)
Productivity×Age^2				0.02(0.02)
控制变量				
Ln(Output Value)	0.23*** (0.01)	0.38*** (0.01)	0.26*** (0.01)	0.42*** (0.01)
Ln(Industry Output Value)	−0.83*** (0.02)	−0.76*** (0.02)	−0.74*** (0.02)	−0.75*** (0.02)
Concentration Ratio	0.08(0.004)	0.06*** (0.004)	0.06*** (0.005)	0.06*** (0.005)
High-tech	0.58*** (0.04)	0.52*** (0.04)	0.51*** (0.04)	0.52*** (0.04)
Ln(Regional GDP)	−0.88*** (0.03)	−0.79*** (0.03)	−0.76*** (0.03)	−0.77*** (0.03)
Ln(Export Company)	0.99*** (0.01)	0.90*** (0.01)	0.89*** (0.01)	0.89*** (0.01)
Market	0.01(0.01)	0.07*** (0.01)	0.09*** (0.01)	0.07*** (0.01)
WTO	0.70*** (0.06)	0.61*** (0.06)	0.58*** (0.06)	0.60*** (0.06)
Coast	−0.66*** (0.04)	−0.84*** (0.04)	−0.84*** (0.04)	−0.84*** (0.04)
Constant	5.22*** (0.23)	2.07*** (0.24)	2.84*** (0.25)	1.46*** (0.25)
Wald chi^2	8 155.86***	9 775.40***	9 790.37***	9 878.16***
Observers	103 424	103 424	103 424	103 424
Groups	47 405	47 405	47 405	47 405

注:(1)标准差在括号里。

(2)* $p<0.05$;** $p<0.01$;*** $p<0.001$。

模型的分析结果如表 7—3 所示。其中,模型 1 包括了所有的控制变量，模型 2 验证了企业国际化的年龄依赖效应（假设 1），模型 3 验证了企业规模对企业国际化年龄依赖效应的调节作用（假设 2），模型 4 验证了企业生产率对企业国际化年龄依赖效应的调节作用（假设 3）。

从表 7－3 中可以看出，假设 1 得到了充分的支持，因为所有模型中的自变量都显著，且符号与预期相符。根据模型 2，企业年龄的一次项系数为负且显著（$b=-0.95, P<0.001$），而企业年龄的二次项系数为正且显著（$b=0.15, P<0.001$）。表明了企业年龄和企业国际化倾向的 U 形关系。如图 7－3所示，受到了较强的国际化动力作用的影响，企业在其年轻时表现出很强的国际化倾向。然而这种国际化的动力随着年龄的增长而逐步降低，带来了国际化倾向的降低。但是，随着企业能力的逐步加强，企业国际化倾向在某点之后又表现为逐步增强的趋势（如图 7－3 所示，在年龄为 5 时）。

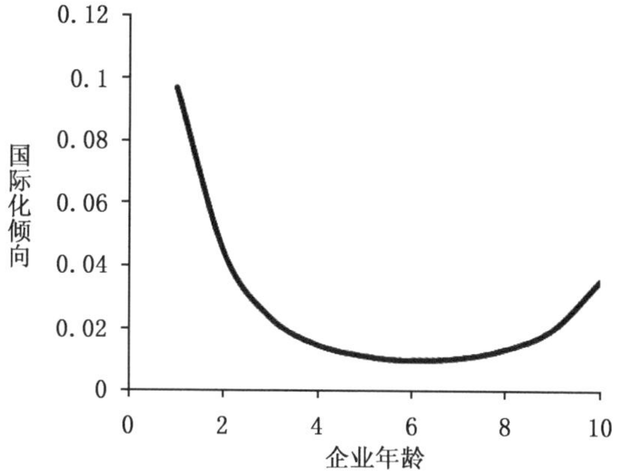

图 7—3　企业年龄与企业国际化倾向之间的关系

在假设 2 中，我们提出企业的规模将会调节企业年龄和企业国际化倾向之间的关系。如模型 3 所示，年龄和企业规模的交互变量 Size×Age 和 $Size \times Age^2$ 都表现为显著，表明企业年龄确实对国际化的年龄依赖作用有调节作用。根据假设 2，与大企业相比，小企业将在组织成立之初表现出更强的国际化倾向；而大企业的国际化倾向将会在企业成熟之后逐步超越小企业。然而从图 7—4 中可以看出,企业规模整体上提升了企业年龄对国际化倾向的影响作用,即规模越大的企业,其国际化倾向越强,无论是年轻企业还是成熟企业。因此,假设 2 只得到了部分支持。

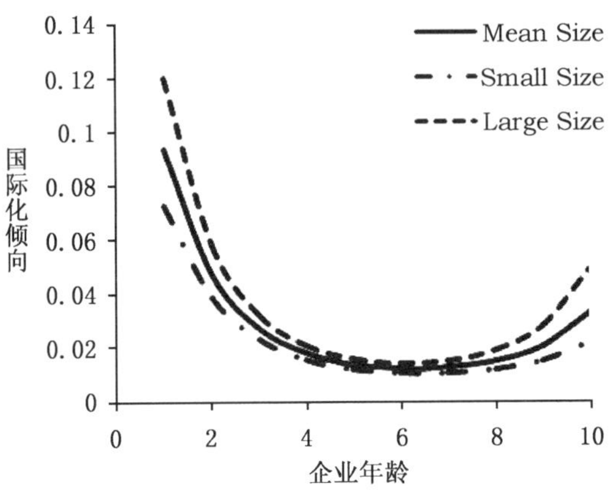

图 7—4 企业规模对国际化年龄依赖作用的调节作用

在假设 3 中,我们认为,企业的生产率将会提升企业年龄对企业国际化倾向的影响作用。然而,从模型 4 中可以看出,生产率与年龄的交互系数 Productivity×Age(b=−0.05,P=0.32),以及生产率与年龄平方项的交互系数 Productivity×Age^2(b=0.02,P=0.27)均不显著。此外,调节变量 Productivity 显著为负,表明企业的生产率实际上将会降低企业的国际化倾向。因此,假设 3 没有得到支持。

第六节 分析与总结

一、结果分析

在国际化研究方面目前已经积累了大量的研究成果,然而有关国际化时间维度的研究却存在一定的缺失,本研究在一定程度上弥补了这种缺失。

在组织生态学年龄依赖理论的基础上，我们在国际化决策的研究中引入了企业的年龄变量，建立了"国际化的年龄依赖理论"。正如前面所论述的，之前的研究一般假设企业年龄与国际化之间的单调关系，企业的国际化倾向随着年龄的增长单调上升（国际化阶段理论）或单调下降（天生国际化理论）。然而，我们的研究通过将年龄代表的作用分解成国际化动力和国际化能力，提出了年龄和国际化倾向的U形关系。由于国际化动力的作用，公司在成立之初具有较高的国际化倾向，然而这种由国际化动力带来的国际化倾向将随着年龄的增长而下降；另一方面，随着企业年龄的增长，企业的能力将增强，而受到企业能力驱动的国际化倾向将增强。综合这两方面的影响作用，最终企业年龄和企业国际化倾向之间将呈现U形曲线关系。为了验证这一假设，本研究选用了中国制造业企业1998～2007年的数据，发现在中国制造业企业中企业年龄和企业国际化之间的U形关系能够得到很好的验证和支持。我们的研究证明了企业国际化在不同阶段具有不同的特点和不同的目的。国际化企业既可能是一个年轻的、充满激情的国际探索者，也可能是一个成熟的、稳健的国际市场开拓者。这些企业在不同时间段表现出的国际化行为是受到不同动机驱使的，反映出企业在不同发展阶段的多样化的需求。

在本研究中，我们进一步假设企业的年龄和国际化之间的关系受到企业内部因素的调节。

首先，我们的研究验证了企业规模对企业国际化年龄依赖效应的调节作用，即企业的规模越大，年龄对企业国际化影响的效应越强。这个发现与我们最初的假设有一定的偏差，即企业的规模并没有减少年轻企业国际化的动力和热情。一个可能的原因是，企业仍需要投入一定的资源来跨越国界、进驻国际市场，而年轻企业最缺少的就是资源。与规模较小的年轻企业相比，规模较大的年轻企业拥有更多的资源，更利于企业进入国际市场。此外，规模较大企业拥有更多的资源可以承受国际市场所带来的风险，而资源较少的小规模企业，在这方面就表现得比较谨慎（Chang和Rhee，2011）。因此,即使在企业成立初期,企业规模越大,其表现出越强的国际化倾向。

其次,企业生产率并未如我们最初预期而表现出对企业年龄和企业国际化之间关系的正向调节作用。相反,在模型 4 中,企业生产率对企业国际化倾向表现出显著的负向效应。我们把这个结果归因于中国企业的“生产率悖论”。企业国际化中的经典理论“自选择理论”(Self-select theory)认为生产率高的企业倾向于出口(Bernard、Eaton 和 Kortum,2003;Melitz,2003)。而与该理论相反的是,许多中国学者在对中国制造业企业的研究中发现了“生产率悖论”现象,即中国出口企业的生产率反而低于不出口的企业。学者们将中国这一现象归因于新兴经济体严重的区域市场分割,致使企业跨越区域市场的成本大于企业跨越国际市场的成本。因此,生产率低的企业只能选择出口作为自己拓展市场的唯一途径(Boisot 和 Meyer,2008)。

二、研究总结

本研究是第一个将组织生态学的年龄依赖理论同企业国际化的战略选择相联系的研究。通过将企业年龄的作用分解为国际化能力和国际化动力两部分,我们得出了企业年龄对企业国际化之间的非线性影响关系,并回应了众多学者有关加强企业国际化时间维度研究的提议(Andersen,1993、1997;Coviello 和 Jones,2004;Zahra,2005;Zahra 和 George,2002;Zahra 等,2000b)。

企业年龄是时间的一种形式,企业的成立、学习、发展和死亡都是企业年龄的函数。企业年龄从企业成立之初就牢牢地刻印在企业演化的整个过程中,是企业最不可能改变的特征变量。从这一点来看,研究企业年龄对企业发展的影响具有重要的意义。很多先前的研究将企业年龄在研究中作为控制变量。组织生态学中的年龄依赖理论虽然主要研究了企业年龄对于企业生存的影响作用,但是忽略了企业发展中同样存在“年龄依赖”的过程。我们的研究拓展了这一方面的研究内容,强调了年龄依赖作用在企业国际化和企业发展中的重要作用，为今后的相关研究奠定了基础。

此外，此研究同样深化了天生国际化理论和国际化阶段理论的研究。虽然天生国际化理论和国际化阶段理论从表面上看得出了相反的结论，然而我们通过研究证明，这两个理论只是分别关注了企业国际化的两个不同的阶段。将两个理论相综合，将会获得一个对企业国际化年龄依赖效应的完整、全面的认识。事实表明，国际化企业既可能是一个年轻的国际市场冒险者，也可能是一个成熟的国际市场开拓者。

最后，本研究还发现在"中国模式"的影响下，中国企业国际化的年龄依赖效应呈现出一些值得关注的特殊效应。这些发现为更好地理解中国模式、中国企业的生存和发展具有重要的理论和实践意义。

参考文献

[1]Andersen, O."Internationalization and market entry mode: a review of theories and conceptual frameworks".*Management International Review*, 1997, 37(2): 7—42.

[2]Autio, E., Sapienza, H.J., Almeida, J.G."Effects of age at entry, knowledge intensity, and imitability on international growth".*Academy of Management Journal*, 2000, 43(3): 909—924.

[3]Bernard, A.B., Eaton, J.B., Kortum, J.S."Plants and productivity in international trade".*American Economic Review*, 2003, 93(1268—1290).

[4]Boisot, M., Meyer, M.W."Which way trough the open door? Reflections on the internationalization of Chinese firms".*Management and Organization Review*, 2008, 4(3): 349—365.

[5]Bonaccorsi, A."On the relationship between firm size and export intensity".*Journal of International Business Studies*, 1992, 23(4): 605—635.

[6]Cassiman, B., Golovko, E."Innovation and internationalization through exports".*Journal of International Business Studies*, 2011, 42(1): 56—75.

[7]Chang, S.J."International expansion strategy of Japanese firms: capability building through sequential entry".*Academy of Management Journal*, 1995, 38(2): 383—407.

[8]Chang, S.J., Rhee, J.H."Rapid FDI expansion and firm performance".*Journal of In-*

ternational Business Studies*,2011,42:979—994.

[9]Chen,W.-C."Innovation and duration of exports".*Economics Letters*,2012,115(2):305—308.

[10]Clerides,S.K.,Lach,S.,Tybout,J.R."Is learning by exporting important?".*Quarterly Journal of Economics*,1998,113(903—948).

[11]Coeurderoy,R.,Murray,G."Regulatory environments and the location decision:evidence from the early foeign market entries of new-technology-based firms".*Journal of International Business Studies*,2008,39(4):670—687.

[12]Delios,A.,Beamish,P.W."Survival and profitability:the roles of experience and intangible assets in foreign subsidiary performance".*Academy of Management Journal*,2001,44(5):1028—1038.

[13]Desai,V.M."Constrained growth:How experience,legitimacy,and age influence risk taking in organizations".*Organization Science*,2008,19(4):594—608.

[14]Dimitratos,P.,Jones,M.V."Guest editorial:Future directions for international entrepreneurship research".*International Business Review*,2005,14(2):119—128.

[15]Dobrev,S.D.,Kim,T.Y.,Carroll,G.R."Shifting gears,shifting niches:Organizational inertia and change in the evolution of the U.S.automobile industry,1885—1981".*Organization Science*,2003,14(3):264—282.

[16]Dunning,J.H."Toward an eclectic theory of international production:Some empirical tests".*Journal of International Business Studies*,1980,11(1):9—31.

[17]Dunning,J.H."Location and the multinational enterprise:A neglected factor".*Journal of International Business Studies*,1998,29:45—66.

[18]Ellis,P.D."Social ties and international entrepreneurship:opportunities and constraints affecting firm internationalization".*Journal of International Business Studies*,2011,42(1):99—127.

[19]Eriksson,K.,Johanson,J.,Majkgard,A.,Sharma,D.D."Experiential knowledge and costs in the internationalization process".*Journal of International Business Studies*,1997,28(2):337—360.

[20]Fan,T.,Phan,P."International new ventures:revisiting the influences behind the 'born-global' firm".*Journal of International Business Studies*,2007,38(7):1113—1131.

[21]Fernhaber, S. A., Gilbert, B. A., McDougall, P. P. "International entrepreneurship and geographic location: an empirical examination of new venture internationalization". *Journal of International Business Studies*, 2008, 39(2): 267—290.

[22]Gaba, V., Pan, Y., Ungson, G.R. "Timing of entry in international market: an empirical study of U.S. fortune 500 firms in China". *Journal of International Business Studies*, 2002, 33(1): 39—55.

[23]Ganotakis, P., Love, J.H. "Export propensity, export intensity and firm performance: the role of the entrepreneurial founding team". *Journal of International Business Studies*, 2012, 43(8): 693—718.

[24]George, G., Prabhu, G. "Developmental financial institutions as catalysts of entrepreneurship in emerging economies". *Academy of Management Review*, 2000, 25(3): 620—630.

[25]Guillen, M. F. "Structural inertia, imitation, and foreign expansion: South Korean firms and business groups in China, 1987—1995". *Academy of Management Journal*, 2002, 45(3): 500—525.

[26]Hannan, M.T., Freeman, J. "Structural metra and organizational change". *American Sociological Review*, 1984(49): 149—164.

[27]Harris, R., Li, Q. C. "Export-market dynamics and firm-level productivity: evidence for UK tradable sectors". *Industrial and Corporate Change*, 2011, 21(3): 649—670.

[28]Haveman, H. A. "Organizational size and change: Diversification in the saving and loan industry after deregulation". *Administrative Science Quarterly*, 1993, 38(1): 20—50.

[29]Helfat, C.E., Lieberman, M.B. "The birth of capabilities: Market entry and the importance of pre-history". *Industrial and Corporate Change*, 2002, 11(4): 725—760.

[30]Ito, K., Lechevlier, S. "Why some firms persistently out-perform others: investigating the interactions between innovation and exporting strategies". *Industrial and Corporate Change*, 2010, 19(6): 1997—2039.

[31]Johanson, J., Vahlne, J.-E. "The internationalization press of the firm- A model of knowledge development and increasing foreign market commitments". *Journal of International Business Studies*, 1977, 8(1): 23—32.

[32]Johanson, J., Vahlne, J.-E. "The mechanism of internationalization". *International Marketing Review*, 1990, 7(4): 11—24.

[33]Johanson, J., Vahlne, J.-E. "The Uppsala internationalization process model revisited: From liability of foreigners to liability of outsidership". *Journal of International Business Studies*, 2009, 40(9): 1411—1431.

[34]Jones, M. V., Coviello, N. E. "Internationalisation: conceptualising an entrepreneurial process of behaviour in time". *Journal of International Business Studies*, 2005, 36: 284—303.

[35]Keupp, M.M., Gassmann, O. "The past and the future of international entrepreneurship: A review and suggestions for developing the field". *Journal of Management*, 2009, 35(3): 600—633.

[36]Kim, Y. C., Lu, J. W., Rhee, M. "Learning from age difference: Interorganizational learning and survival in Japanese foreign subsidiaries". *Journal of International Business Studies*, 2012, 43(8): 719—745.

[37]Knight, G. A., Cavusgil, S. T. "Innovation, organizational capabilities, and the born-global firm". *Journal of International Business Studies*, 2004, 35(2): 124—141.

[38]Kostova, T., Zaheer, S. "Organizational legitimacy under conditions of complexity: the case of the multinational enterprise". *Academy of Management Review*, 1999, 24(1): 64—81.

[39]Kronborg, D., Thomsen, S. "Foreign ownership and long-term survival". *Strategic Management Journal*, 2009, 30(2): 207—219.

[40]Leonidou, L.C., Katsikeas, C.S. "The export development process: An integrative review of empirical models". *Journal of International Business Studies*, 1996, 27(3): 517—551.

[41]Luo, Y., Tung, R.L. "International expansion of emerging market enterprises: a springboard perspective". *Journal of International Business Studies*, 2007, 38(4): 481—498.

[42]Martin, X., Swaminathan, A., Michell, W. "Organizational evolution in the interorganizational environment: incentives and constraints on international expansion strategy". *Administrative Science Quarterly*, 1998, 43(3): 566—601.

[43]Mata, J., Freitas, E. "Foreignness and exit over the life cycle of firms". *Journal of International Business Studies*, 2012, 43(7): 615—630.

[44]Mathews, J.A., Zander, I. "The international entrepreneurial dynamics of accelerated internationalisation". *Journal of International Business Studies*, 2007, 38(3): 387—403.

[45]McDougall, P.P., Oviatt, B.M. "New venture internationalization, strategic change,

and performance:A follow-up study".*Journal of Business Venturing*,1996,11(1):23—40.

[46]McDougall, P. P., Oviatt, B. M. "International entrepreneurship: The intersection of two research paths".*Academy of Management Journal*,2000,43(5):902—906.

[47]Melitz,M.J."The impact of trade on intra-industry reallocation and aggregate industry productivity".*Econometris*,2003,71(6):1695—1725.

[48]Merton,R.K.*Social theory and social structure*.New York:Free Press,1957.

[49]Mezias, J. M. "Identifying liabilities of foreignness and strategies to minimize their effects: The case of labor lawsuit judgments in the United States". *Strategic Management Journal*,2002,23(3):229—244.

[50]Mitchell, W., Shaver, J. M., Yeung, B. "Foreign entrant survival and foreign market share:Canadian companies' experience in United States medical sector". *Strategic Management Journal*,1994,15(7):555—567.

[51]Mudambi, R., Zahra, S. A. "The survival of international new ventures". *Journal of International Business Studies*,2007,38(2):333—352.

[52]Oviatt, B. M., McDougall, P. P. "Toward a theory of international new ventures". *Journal of International Business Studies*,1994,25(1):45—64.

[53]Oviatt, B. M., McDougall, P. P. "Global start-ups: Entrepreneurs on a worldwide stage".*Academy of Management Executive*,1995,9(2):30—43.

[54]Oviatt,B.M.,McDougall,P.P."Defining international entrepreneurship and modeling the speed of internationalization".*Entrepreneurship Theory and Practice*,2005,29(5):537—553.

[55]Peng, M. W., Wang, D. Y. L., Jiang, Y. "An institution-based view of international business strategy:a focus on emerging economies".*Journal of International Business Studies*,2008,39(920—936).

[56]Rialp, A., Rialp, J., Knight, G. "The phenomenon of early internationalization firms: what do we know after a decade (1993—2003) of scientific inquiry". *International Business Review*,2005,14(1):147—166.

[57]Sapienza, H.J., Autio, E., George, G., Zahra, S. A. "A capabilities perspective on the effects of early internationalization on firm survival and growth".*Academy of Management Review*,2006,31(4):914—933.

[58]Shinkle, G. A., Kriauciunas, A. P. "Institutions, size and age in transition economies: implications for export growth". *Journal of International Business Studies*, 2010, 41(2): 267—286.

[59]Shrader, R. C., Oviatt, B. M., McDougall, P. P. "How new ventures exploit trade-offs among international risk factors: Lessons for the acclerated internationalization of the 21st century". *Academy of Management Journal*, 2000, 43(6): 1227—1247.

[60]Sullivan, D. "Measuring the degree of internationalization of a firm". *Journal of International Business Studies*, 1994, 25(2): 493—513.

[61]Vermeulen, P., Barkema, H. "Pace, rhythm, and scope: Process dependence in building a profitable multinational corporation". *Strategic Management Journal*, 2002, 23: 637—653.

[62]Wood, E., Khavul, S., Perez-Nordtvedt, L., Prakhya, S., Dabrowski, R., Zheng, C. "Strategic commitment and timing of internationalization from emerging markets: evidence from China, India, Mexico, and South Africa". *Journal of Small Business management*, 2011, 49(2): 252—282.

[63]Wright, R. W., Ricks, D. A. "Trends in international business research: twenty-five years later". *Journal of International Business Studies*, 2004, 25(4): 687—701.

[64]Yiu, D. W., Lau, C., Bruton, G. D. "International venturing by emerging economy firms: the effects of firm capabilities, home country networks, and corporate entrepreneurship". *Journal of International Business Studies*, 2007, 38(4): 519—540.

[65]Yu, J., Gilbert, B. A., Oviatt, B. M. "Effects of alliances, time, and network cohesion on the initiation of foreign sales by new ventures". *Strategic Management Journal*, 2011, 32(4): 424—446.

[66]Zahra, S. A. "Overcoming the liability of foreignness". *Academy of Management Journal*, 1995, 38(2): 341—363.

[67]Zahra, S. A. "A theory of international new ventures: a decade of research". *Journal of International Business Studies*, 2005, 36(1): 20—28.

[68]Zahra, S. A., Garvis, D. M. "International corporate entrepreneurship and firm performance: The moderating effect of international enviormental hostility". *Journal of Business Venturing*, 2000, 15(5): 469—492.

[69]Zahra, S. A., George, G. "International entrepreneurship: The current status of the field and future research agenda", in *Strategic entrepreneurship: Creating an integrated mindset*, M. Hitt, et al., Editors. 2002, Blackwell: Oxford. 255—288.

[70]Zahra, S. A., Ireland, R. D., Hitt, M. A. "International expansion by new venture firms: international diversity, mode of market entry, technological learning, and performance". *Academy of Management Journal*, 2000, 43(5): 925—950.

[71]Zheng, C., Khavul, S., Crockett, D. "Does it transfer? The effects of pre-internationalization experience on post-entry organizational learning in entrepreneurial Chinese firms". *Journal of International Entrepreneurship*, 2012, 10(3): 232—254.

[72]Zhou, L., Barnes, B. R., Lu, Y. "Entrepreneurial proclivity, capability upgrading and performance advantage of newness among international new ventures". *Journal of International Business Studies*, 2010, 41(5): 882—905.

[73]刘德学，范兆斌.天生全球化与中小企业的国际化活动[J].世界经济研究，2009(9)：15—22.

[74]刘阳春，李田，毛蕴诗.基于升级的我国天生国际企业后续成长路径[J].广东社会科学，2012(5)：39—48.

[75]张骁，杨忠.小企业国际化研究新动向——来自企业家理论的渗透[J].软科学，2007,21(5)：123—126.

[76]朱吉庆.多理论视角下的国际新创企业成长研究[J].外国经济与管理，2009,31(8)：58—64.

[77]李文臣.快速国际化企业的形成因素分析[J].中南大学学报(社会科学版)，2008,14(6)：801—806.

[78]杨忠，张骁，陈扬，廖文彦."天生全球化"企业持续成长驱动力研究——企业生命周期不同阶段差异性跨案例分析[J].管理世界，2007(6)：122—136.

[79]林治洪，陈岩，秦学志.基于制度视角的企业国际化速度对绩效的影响研究：来自中国上市公司的经验分析[J].产业经济研究，2013(1)：89—99.

[80]樊纲，王小鲁，张立文，朱恒鹏.中国各地区市场化相对进程报告[J].经济研究，2003(3)：9—18.

[81]肖文，陈益君，林高榜.中国民营企业国际化的绩效分析——基于江浙地区民营企业的问卷调查[J].浙江学刊，2009(2)：193—198.

[82]蔡荣生，王勇.大型零售企业的初始国际化决策研究——关于大型零售企业初始国际化的时间及其市场和方式选择的实证分析[J].中国软科学，2009(1)：97－111.

[83]薛求知，朱吉庆.国际创业研究述评[J].外国经济与管理，2006，28(7)：8－15.

[84]赵优珍."天生国际企业"——概念、现象、成因与启示[J].国际商务研究，2004(3)：65－69.

[85]钱海燕，张骁.天生全球化企业国际扩张行为特征影响因素研究：基于企业家视角[J].科技进步与决策，2013，30(7)：92－96.

[86]陈勇兵，李燕，周世民.中国企业出口持续时间及其决定因素[J].经济研究，2012(7)：48－61.

[87]陈曦，胡左浩，赵平.我国天生国际化企业特征与驱动力探寻——基于对江浙地区的四家中小型企业的跨案例比较研究[J].中国软科学，2009(4)：125－139.

[88]魏自儒，李子奈.进入顺序对企业出口持续时间的影响[J].财经研究，2013，39(8)：51－63.

后 记

“中国模式”是近年来频繁被关注的话题。概括来说，中国模式一方面代表着经济持续30多年快速增长的发展奇迹，另一方面也代表着大政府+宏观调控的发展方式。究竟在这样一种制度背景下企业会呈现出怎样的一种生存和发展路径，是本研究所关注的焦点问题。本研究选择组织生态学的理论作为本研究分析的基础，是因为组织生态学理论自身的特点。首先，组织生态学研究的对象是环境内所有的组织，包括大型组织和小型组织；其次，组织生态学关注组织在环境中的演化过程，强调产业长期演变过程中环境对组织选择过程的重要性。这些特性决定了组织生态学是适宜此研究的理论。本研究发现：

(1)中国企业的数量增长迅速，而小型和民营企业是其中的重要力量，但中国企业普遍生存时间较短；

(2)受到种群密度不断增大的影响，竞争性作用在产业中，特别是传统产业中(如本研究中的研究对象——建筑产业)占主导地位，成为影响企业生存的重要原因之一，但企业年龄会对种群密度的负向影响作用产生一定的调节作用；

(3)中国企业的国际化进程受到种群中出口企业密度、外资企业密度和企业总密度的影响，且根据产业背景的不同，这种影响作用的外溢效应会产生一定的差异；

(4)中国企业的生存同样受到资源分割作用的影响，即集中度的提高会增加企业的死亡风险，但与传统假设不符，我们的研究发现小企业在集中度不断提升的环境中具有较高的死亡风险，这主要是由于中国产业结构较为单一，并没有形成不同规模企业之间经营互补、错位竞争的经营模式；

(5)中国企业存在国际化的“年龄依赖”现象，即企业的国际化行为是企业年龄的函数，同时这种年龄依赖的作用还受到企业特征变量的调节。

本研究发现，在研究中国企业的问题时，企业的所有制结构是需要考虑的重要因素之一。混合所有制经济是中国经济的特色之一，也同样是中国经济快速发展的重要推动因素之一。国有企业的强势、外资企业的优势以及民营企业的劣势，这些都是在中国模式下中国企业发展所遇到的现实问题。如何促进多种所有制公平竞争、共同繁荣是在“中国模式”下需要考虑的重要议题。此外，本研究还发现，生产率悖论、区域发展不平衡等现象也是“中国模式”下中国企业发展所遇到并亟须解决的特殊问题。

“中国模式”是一个比较宽泛的概念，有很多可以研究和关注的议题。本研究仅在组织生态学理论的框架下关注了种群密度、产业结构和企业生存的关系，以及种群密度和企业年龄与企业国际化之间的关系。其实“中国模式”下还有许多仍需解决的问题，如社会转型下企业的生存和发展问题、市场化改革对企业生存和发展带来的影响、企业的创新等，这些问题仍有待后续的研究。

此外，受限于数据的收集等问题，本研究仅关注了中国的制造业和江苏省的建筑业，其结论是否能在全国范围和其他产业中适用，尚未有定论。而第三产业中企业的生存和发展模式是否与我们的研究存在差异，则有待后续的进一步研究。

最后，“中国模式”作为新兴经济体的代表，在制度环境和发展演化路径方面都有其独特的一面。与其他新兴经济体，如印度、巴西、俄罗斯和南非等存在一定的差异。但如果能够将中国企业的发展模式与其他新兴经济体及发达国家经济体的企业进行横向对比，将是非常有意义的研究议题。